SUSANNE DORNER

ONE POT FAMILY

SUSANNE DORNER

ONE POT FAMILY

100 EINFACHE REZEPTE FÜR GROß UND KLEIN

1 Topf
1 Pfanne
1 Blech

riva

KONTAKT UND FEEDBACK

Dieses Familienkochbuch wurde mit Liebe zur Kochkunst, praktischer Erfahrung und umfangreichem Expertenwissen ausgearbeitet.

Ihr Feedback ist uns sehr wichtig! Wenn Sie Anregungen, Rückmeldungen, Ideen oder Verbesserungsvorschläge haben, zögern Sie bitte nicht, uns eine Nachricht an susanne@positiverleben.eu zu schicken, oder besuchen Sie unsere Homepage www.positiverleben.eu.

Danke schön!

WIDMUNG

Ich widme dieses Buch meiner lieben Oma Käthe, meiner größten Superheldin in der Familie!

Deine Kochkünste und deine Liebe für uns haben immer gezeigt, dass Essen nicht nur dazu dient, unseren Hunger zu stillen, sondern auch unsere Herzen zu füllen und die Familie zusammenzubringen.

Wir (eure Enkel und Urenkel) möchten uns von Herzen bei dir und auch bei Opa bedanken, für alles, was ihr für uns und die ganze Familie getan habt. Eure Liebe und Unterstützung werden wir immer in unseren Herzen tragen. Danke!

INHALT

MITTAGESSEN 53

VORWORT

von Prof. Hademar Bankhofer

ONE POT: DIE ERSTE WARME MAHLZEIT DER MENSCHHEIT

Viele, die gern kochen. Viele, die gern essen und die daher die erfolgreichen Bücher der begabten Kulinarik-Autorin Susanne Dorner kennen und schätzen, haben schon auf das nächste Buch gewartet. Jetzt ist es endlich da und ich freue mich sehr.

Das Thema ist ein Hammer. Ein Buch über den Eintopf. Ich möchte wetten, die meisten von uns kennen zwar den Namen, wissen aber sonst gar nichts über diese Speise. Oder sie sind falsch informiert. Manche glauben: Der Eintopf erinnert an Zeiten, in denen Krieg und Armut herrschten. In Wahrheit ist der Eintopf mit seinen zahllosen Rezepten eine der wertvollsten Mahlzeiten. Es gibt dafür Beweise. Auf der ganzen Welt, in allen Erdteilen werden Eintöpfe zubereitet. Zum Stillen des Hungers sowie als Festmahl zu Hochzeiten, Taufen und Begräbnissen. Daher auch ein internationaler Name, den man überall versteht: One Pot, was so viel bedeutet wie »mehrere natürliche Nahrungseinheiten in einem Gefäß«. Dazu gehören Früchte, Blüten, Blätter, Fleischstücke bester Qualität, aber auch Wurzelgemüse, Hülsenfrüchte und vieles andere mehr. Man muss sehr erfahren sein, muss sich mit Kräutern und Gewürzen gut auskennen.

Sie wollen jetzt sicher wissen: Wer hat den Eintopf erfunden? Die Antwort lautet: Niemand hat ihn erfunden. Er hat vielmehr die Menschheit von Beginn an durch Millionen Jahre begleitet. Er ist daher ein Stück

Menschheitsgeschichte. Mit hoher kulinarischer und historischer Bedeutung.

Schauen wir zurück, als die ersten Menschen Schritt für Schritt die Erde staunend eroberten. Sie benötigten für ihre Kraft und Vitalität – so wie wir heute auch – Vitalstoffe wie Vitamine, Mineralstoffe, Spurenelemente, Ballaststoffe. Sie hatten keine Ahnung von diesen lebenswichtigen Stoffen, handelten jedoch instinktiv. Sie streiften über Wiesen und durch Wälder und zogen mit den Händen die Gräsersamen aus Grasspitzen oder zogen aus den zarten Rinden der Bäume verschiedene Harze. Das war die einzige Möglichkeit, den Hunger zu stillen.

Später hatten sie eine Idee, um sich das Leben leichter zu machen. Zur Sensation wurde das lebenswichtige Essen, als die Menschen das Feuer entdeckten und nach und nach nutzten. Das war die Geburtsstunde des Eintopfes oder One Pot. Erwachsene und Kinder wussten bereits, wie Steine mit primitiven Werkzeugen bearbeitet werden konnte. Man bearbeitete bestimmte Steine zu Gefäßen und füllte Wasser ein. Unter dem Stein entzündete man Feuer. Das Wasser wurde warm oder heiß. Jetzt gab man ins Wasser, was man so zusammentragen und essen konnte. Das stillte nicht nur den Hunger, sondern machte auch von innen her warm.
Mit der Zeit im Laufe der Jahrtausende wurde diese Methode modernisiert und verändert. So entstanden in den verschiedenen Weltgegenden zahlreiche Rezepte, die als jeweilige Nationalgerichte bis heute viele Fans in den einzelnen Ländern haben.

Viele wissen das nicht: Auch in der römischen Antike kannte man den Eintopf. Er war bei Reich und Arm beliebt. Im Mittelalter waren Eintöpfe sehr gefragt. Und bis heute ist es in vielen Familien Brauch, dass man einmal in der Woche einen Eintopf genießt. Ich betone »genießt«. Ein liebevoll zubereiteter Eintopf ist etwas Herrliches.

Meine Lieblingsautorin Susanne Dorner kennt Hunderte Rezepte und hat für dieses Buch die besten herausgesucht. Darunter viele alte, aber mit modernen Anleitungen. Ich sage immer: »Wer keinen Eintopf löffelt, der versäumt sehr viel aus dem Reich der Kulinarik!« Also dann: Lassen wir das Herumgerede über Kriegsessen und Hungerzeiten. Wir müssen den Eintopf als wertvolle Speise mit langer Tradition auf der ganzen Welt sehen.

Und jetzt tun wir das, was sich die Autorin Susanne Dorner wüscht: das Buch lesen, Rezepte aussuchen, einkaufen gehen, Heimisches und Nachhaltiges aus der Region nach Hause bringen und einen duftenden Eintopf zaubern.

Ich wünsche guten Appetit, bin überzeugt, dass dieses Buch wieder ein Bestseller wird und gratuliere jetzt schon dazu.

Herzlichst,

Hademar Bankhofer

EINLEITUNG

One-Pot-Gerichte sind fester Bestandteil der Ernährung in jeder Familie: unterschiedliche Zutaten, die am Ende ein harmonisches Ganzes ergeben. Ich mag dieses Prinzip, das man nicht nur auf das Kochen, sondern auf die Familie selbst ummünzen kann. Jedes Familienmitglied ist eine Superheldin oder ein Superheld, jeder ist einmalig – und gemeinsam ergeben alle zusammen die perfekte Kreation!

Die One-Pot-Gefäße in diesem Buch (Topf, Pfanne, Backblech und Auflaufform) sind die wahren Stars in der Küche. Sie ermöglichen es uns, köstliche Mahlzeiten zuzubereiten, ohne dabei viel Geschirr zu benutzen oder stundenlang vorm Herd zu stehen. Mit nur einem einzigen Kochgeschirr können wir Suppen, Eintöpfe, Nudelgerichte, Aufläufe und vieles mehr zubereiten. Obwohl sie unscheinbar aussehen mögen, sind sie in Wahrheit mächtige Werkzeuge, die uns helfen, unser Leben einfacher, gesünder und leckerer zu gestalten.

One-Pot-Gerichte sind nicht nur eine großartige Möglichkeit kostengünstig zu kochen, sondern haben auch noch viele weitere Vorteile: Sie sind

- einfach, da alle Zutaten in einem Gefäß gegart werden.
- schnell gemacht, da eine aufwendige Vorbereitung entfällt.
- preiswert, da mit wenig Zutaten größere Mengen zubereitet werden.
- zeitsparend, da nur ein Gefäß zum Garen erforderlich ist und weniger Abwasch anfällt.
- vielseitig, da Geschmack und Zutaten variieren können.
- gesund, da frische Zutaten verwendet werden.

Ich liebe es zu kochen – Liebe geht ja bekanntlich durch den Magen! Trotzdem muss es bei mir als berufstätige Mama manchmal schnell gehen. Da ich für die Familie gerne schnell, einfach und vor allem trotzdem gesund koche, sind diese Rezepte sehr praktisch.
One-Pot-Gerichte sind die Rettung für vielbeschäftigte Eltern, die schnell und einfach ein leckeres und gesundes Essen zaubern möchten, ohne viel Zeit in der Küche verbringen zu müssen. Und für Kinder sind Eintöpfe eine lustige und schmackhafte Möglichkeit, neue Geschmacksrichtungen und Zutaten auszuprobieren.
In diesem Kochbuch finden Sie köstliche und einfach zuzubereitende Rezepte, die ich für Sie zusammengestellt habe. Die Rezepte sind vollgepackt mit frischen Zutaten. Kreationen, die Ihre Familie um einen Nachschlag bitten lassen werden.
Also schnappen Sie sich einen »Superstar« und los geht's mit dem Kochen!

Herzlichst,

Susanne Dorner

DIE ONE-POT-METHODE

WAS BEDEUTET ONE POT?

»One Pot« ist eine Kochmethode, bei der alle Zutaten eines Gerichts in einem einzigen Topf, einer einzigen Pfanne, einem einzigen Blech oder einer einzigen Auflaufform zubereitet werden.

Anstatt verschiedene Töpfe und Pfannen zu verwenden, werden alle Zutaten zusammengefügt und gemeinsam gekocht.

Das Kochgeschirr übernimmt eine vielseitige Funktion, indem es sowohl zum Anbraten der Zutaten als auch zum Kochen und Garen der Gerichte dient. Es ist wichtig sicherzustellen, dass das ausgewählte Kochgeschirr groß genug ist, um alle Zutaten angemessen aufzunehmen und ausreichend Platz zum Kochen zu bieten.

WAS SIND DIE VORTEILE VON ONE POT?

1. Zeitersparnis: Durch das Kochen aller Zutaten in einem einzigen Topf oder einer Pfanne spart man Zeit, da weniger Aufwand für die Vorbereitung und den Abwasch benötigt wird.

2. Weniger Abwasch: Da nur ein Kochgeschirr verwendet wird, reduziert sich die Anzahl der zu reinigenden Töpfe, Pfannen, Bleche oder Formen erheblich.

3. Einfache Zubereitung: Mit der One-Pot-Methode ist die Zubereitung einfacher, da alle Zutaten gemeinsam gekocht werden. Es entfällt das Hantieren mit verschiedenen Gefäßen.

4. Intensiver Geschmack: Da die Zutaten während des Kochens gemeinsam garen, vermischen sich die Aromen und sorgen für ein intensives Geschmackserlebnis.

5. Geringer Energieverbrauch: Durch das Kochen in einem einzigen Gefäß wird auch der Energieverbrauch reduziert, da weniger Wärmequellen benötigt werden.

6. Flexibilität bei den Zutaten: Die One-Pot-Methode erlaubt es, verschiedene Zutaten miteinander zu kombinieren und Reste aufzubrauchen. Man kann kreativ sein und die Zutaten an die eigenen Vorlieben anpassen.

7. Transportierbarkeit: One-Pot-Gerichte eignen sich gut zum Mitnehmen und als Essen für unterwegs, da alles in einem einzigen Behältnis serviert wird.

DIE ONE-POT-STARS

In diesem Buch spielen die Superstars Topf, Pfanne, Backblech und Auflaufform die Hauptrollen. Jeder dieser Stars hat seine eigenen Stärken und ist perfekt darauf abgestimmt, ein bestimmtes Gericht zuzubereiten.
An diesen Symbolen erkennen Sie den jeweiligen One-Pot-Star eines Rezepts:

	**Topf** Der Topf ist ideal für Suppen, Eintöpfe und auch Pastagerichte, die auf dem Herd zubereitet werden.
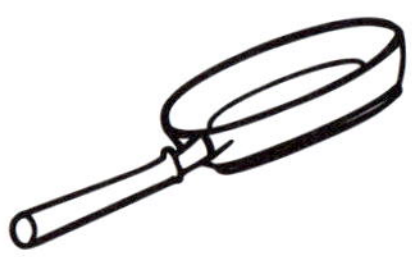	**Pfanne** Die Pfanne eignet sich hervorragend für die Zubereitung von Fleisch, Fisch, Gemüse oder Pfannkuchen und ist ein wahrer Alleskönner.
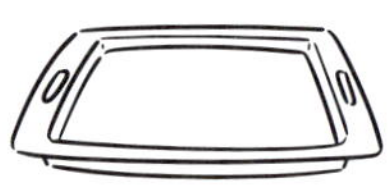	**Backblech** Das Backblech ist der perfekte Helfer für die Zubereitung von Ofengerichten wie Pizza, Aufläufen, Braten und vielem mehr.
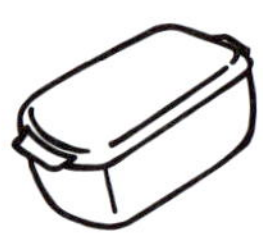	**Auflaufform** Die Auflaufform ist besonders geeignet für Aufläufe, Gratins, die im Ofen gebacken werden und eine knusprige Kruste bekommen sollen.

SYMBOLE IN DEN REZEPTEN

Die vier One-Pot-Stars

Hier sehen Sie, welches Kochgeschirr für die Zubereitung verwendet wird: Topf, Pfanne, Backblech oder Auflaufform.

Sie benötigen lediglich einen Topf als Kochgeschirr, zusätzlich zu den verschiedenen Küchenutensilien.

Sie benötigen lediglich eine Pfanne als Kochgeschirr, zusätzlich zu den verschiedenen Küchenutensilien.

Sie benötigen lediglich ein Backblech als Kochgeschirr, zusätzlich zu den verschiedenen Küchenutensilien.

Sie benötigen lediglich eine Auflaufform (oder eine Kuchenform wie Gugelhupfform, runde Backform oder Muffinblech) als Kochgeschirr, zusätzlich zu den verschiedenen Küchenutensilien.

	**Arbeitszeit** Das ist die Zeit, in der Sie bei der Zubereitung aktiv mitwirken.
	**Gesamtzeit** Das ist die insgesamt erforderliche Zeit, die auch Kühlzeiten und Backzeiten umfasst.
	**Portionen** So viele Portionen oder Stücke ergibt das Rezept. **Hinweis:** Der Großteil der Rezepte ist auf 4 Portionen ausgelegt, was für eine durchschnittliche Familie passend ist.

GRUNDBEGRIFFE DER KÜCHE

Maßeinheiten

1 TL = 1 Teelöffel = ca. 5 ml oder 5 g
1 EL = 1 Esslöffel = 3 Teelöffel = ca. 15 ml oder 15 g
1 Prise = was Sie zwischen 2 Fingerspitzen halten können

Deutsche, österreichische und schweizerische Begriffe

Immer wieder kommt es vor, dass unsere Leserinnen und Leser sich beim Lesen der Zutaten nicht ganz sicher sind, was gemeint ist. Hier finden Sie eine Auflistung der wichtigsten Ausdrücke in diesem Kochbuch:

Deutsch	Österreichisch	Schweizerisch
Aprikosen	Marillen	Aprikosen
Blumenkohl	Karfiol	Blumenkohl
Brötchen	Semmel	Semmeli
Brühe	Klare Suppe	Bouillon

Eigelb	Eidotter	Eigelb
Eiweiß	Eiklar	Eiweiß
Feldsalat	Vogerlsalat	Nüsslisalat
Grüne Bohnen	Fisolen	Bohnen
Hackfleisch	Faschiertes	Hackfleisch
Hefe	Germ	Hefe
Kartoffel	Erdäpfel	Kartoffel
Kohl	Kraut	Kabis
Konfitüre	Marmelade	Konfitüre
Maisgrieß	Polenta	Maisbrei
Möhre	Karotte	Rüebli
Paniermehl	Semmelbrösel	Paniermehl
Pfannkuchen	Palatschinken	Omelette
Pfannkuchenstreifen	Frittaten	Flädli
Porree	Lauch	Porree
Puderzucker	Staubzucker	Puderzucker
Quark	Topfen	Quark
Saure Sahne	Sauerrahm	Sauerrahm
Sahne	Schlagobers	Schlagrahm
Schmand	Créme fraîche	Créme fraîche
Tomate	Paradeiser	Tomate
Wiener Würstchen	Frankfurter	Wienerli

TIPPS FÜR ZUTATEN

Verwenden Sie bitte immer frische und hochwertige Zutaten.

MEHL

Für das Mehl in den Rezepten können Sie reines Weizenmehl mit dem Mahlgrad »universal« verwenden oder zwischen Weizen-, Dinkel- und Roggenmehl variieren. Natürlich ist auch glutenfreies Mehl geeignet.

Griffiges Mehl

Griffiges Mehl ist ein wenig gröber vermahlen und nimmt daher Flüssigkeit gut auf. Es ermöglicht elastische, feste, aber auch flaumige Teige wie Nudelteig, Mürbteig oder Kartoffelteig. Insofern ist es am besten geeignet für Teige, die quellen müssen, und zum Bemehlen von Oberflächen.

Glattes Mehl

Glattes Mehl ist ein weiches, staubiges Mehl mit starker Bindekraft. Daher ist es für feinporige Teile wie Strudelteig, Blätterteig, Pfannkuchen etc. geeignet.

Universal-Mehl

Universal-Mehl ist eine Mischung aus glattem und griffigem Mehl im Verhältnis 1:1 und daher universell einsetzbar.

Maismehl (Speisestärke)

Der Begriff Speisestärke wird häufig genutzt, diese entspricht dem Kartoffelmehl. Speisestärke wird aus Mais gewonnen und Kartoffelstärke aus Kartoffeln.
Maisstärke ist im Gegensatz zur Kartoffelstärke meist gluten- und laktosefrei.
Die meisten kennen Maisstärke als Mondamin oder Maizena, das in jedem Supermarkt erhältlich ist.

Paniermehl

Paniermehl, auch Panierbrot, Semmelbrösel, Semmelmehl, geriebene Brötchen oder Weckmehl genannt, wird aus trockenem Weißbrot oder trockenen Brötchen durch Mahlen hergestellt und dient zum Panieren.

GRIESS

Weichweizengrieß

Weichweizengrieß eignet sich besonders gut zur Herstellung von Grießbrei, Desserts oder Kuchen.

Hartweizengrieß

Hartweizengrieß ist die Grundlage für viele Teigwaren. Beim Kochen wird der Grieß locker und bleibt trotzdem schnittfest. Daher eignet er sich für Klöße, Aufläufe und Suppeneinlagen.

Vollkorngrieß

Vollkorngrieß wird aus ungeschältem Weizen hergestellt. Alle Bestandteile des vollen Korns bleiben erhalten. Er ist daher reich an Vitaminen, Mineral- und Ballaststoffen. Der Geschmack ist kräftig und kernig. Diese Sorte eignet sich für herzhafte und deftige Speisen.

Maisgrieß

Maisgrieß ist ein Getreideerzeugnis und auch unter der Bezeichnung »Polenta« bekannt. Früher galt Maisgrieß als Arme-Leute-Essen, da er sowohl günstig war als auch gut sättigte und viel Energie lieferte.

Maisgrieß eignet sich nicht nur für Desserts und süße Gerichte, sondern auch für Suppen, Aufläufe, Soßen und Breie.

ÖLE

Gesundes Öl für Salate

Verwenden Sie bitte ausschließlich hochwertiges, kaltgepresstes Öl für Salate (zum Beispiel Olivenöl).

Gesundes Öl zum Braten und Frittieren

Zum Braten und Frittieren eignen sich Öle mit hohem Rauchpunkt. Besonders gut geeignet ist zum Beispiel Bio-Kokosöl. Aufgrund seines 90-prozentigen Anteils an gesättigten Fettsäuren ist das Kokosöl als einziges Pflanzenöl sehr hitzebeständig und kann allgemein als gesundes Fett bezeichnet werden.

Kokosöl bitte nicht verwechseln mit den Kokosfettwürfeln, die meist industriell raffiniert sind. Gerne können Sie alle enthaltenen Rezepte mit Kokosöl kochen. Nur für Salate empfehle ich ein gutes Olivenöl.

ZUCKER

Wo können Sie anfangen, wenn Sie eine gesündere Ernährung für Ihre Kinder möchten? Mein Tipp: bei der Reduzierung des Zuckers, oder besser noch, Sie tauschen zuckerhaltige Lebensmittel gegen eine gesündere Variante aus.

Hier eine Auflistung, wie Sie gegen gesündere Varianten tauschen können:

- statt Milchschokolade: Zartbitterschokolade
- statt Süßigkeiten: Obst oder Nüsse
- statt Limonade oder Softdrinks: Wasser oder andere zuckerfreie Getränke
- statt Fruchtsaft: Tomatensaft
- statt gekauften Ketchups: selbst gemachtes Ketchup
- statt gekauften Früchtejoghurts: Naturjoghurt mit frischen Früchten mischen
- statt Frühstücksflocken: Nüsse, Samen, Kokosflocken oder Mandelbrei
- statt gekaufter Milchshakes: frische selbst gemachte Smoothies

In unserer heutigen Welt ist Zucker schon lange kein Luxusartikel mehr, sondern überall präsent. Ob Zucker für die Kinder schädlich ist, macht die Dosis aus.

Haben Sie keine Angst, für Ihr Kind Gerichte mit Butter, Sahne und gutem Öl zu kochen. Diese Lebensmittel sättigen sehr gut und nachhaltig. So wird das Verlangen nach Süßem gemindert.

KRÄUTER UND GEWÜRZE

Aufbewahrung

Kräuter sind sehr vielfältig verwendbar: frisch, getrocknet, gefroren oder in Öl eingelegt.

Kräuter und Gewürze sind voller Aromen, die sich schnell verflüchtigen. Daher die frischen Kräuter rasch verarbeiten oder einfrieren fürs nächste Mal.

Kinder lieben es, zu gärtnern: Ob von der Fensterbank oder aus dem Garten, es macht Freude frisch und mit eigenen Händen zu ernten.

Menge

Frische Kräuter: Grundsätzlich können Sie mit ½ bis 1 TL frischer Kräuter pro Portion rechnen (je nachdem, wie intensiv diese sind).

Getrocknete Kräuter: Hier nehmen Sie nur die Hälfte davon– eine Prise – , also was Sie zwischen zwei Fingerspitzen halten können.

Die geheime Zutat

Denken Sie daran: Die geheime Zutat ist immer Liebe – und auch die wichtigste Zutat!

NÜTZLICHE HILFSMITTEL

KOCHUTENSILIEN

Neben den Standard-Küchengeräten sind die folgenden Küchenutensilien nützlich für die Zubereitung der Rezepte:

- scharfe Messer (achten Sie auf eine kindersichere Aufbewahrung)
- Schneidbretter
- Gemüseschäler
- Schüsseln in verschiedenen Größen
- Auflaufformen in verschiedenen Größen
- Muffinformen
- Kuchenform
- Bratringe
- Spritzbeutel
- Backpinsel
- Backpapier
- Ofenhandschuhe
- Zahnstocher
- Schraubgläser
- Kochtöpfe in verschiedenen Größen
- Bratpfanne
- Waffeleisen
- Multi- oder Vierkantreibe
- Dampfgarer (optional)
- Heißluftfritteuse (optional)
- Salatschleuder (optional)

Backofen

Backzeiten

Die angegebenen Backzeiten können je nach Ofentyp und gewünschtem Bräunungsgrad variieren. Bitte prüfen Sie deshalb den Backverlauf stets zwischendurch und nach Beendigung der angegebenen Backzeit, ob das gewünschte Ergebnis erreicht ist.
Die Temperaturangaben in diesem Kochbuch beziehen sich auf Elektrobacköfen, nicht auf Gasbacköfen. Bitte beachten Sie bei der Einstellung des Backofens die Gebrauchsanleitung des Herstellers.

Ober- und Unterhitze

Für die meisten Gerichte ist die Verwendung von Ober- und Unterhitze zu empfehlen, da die Speisen nicht so viel Flüssigkeit verlieren und daher saftiger bleiben.
Das zugehörige Symbol am Backofen ist an den zwei Balken (oben und unten) zu erkennen.
Der Backofen sollte hier immer vorgeheizt werden.

Umluft

Mit der Umluft-Funktion können Sie bei gleicher Gardauer um etwa 20 °C niedrigere Temperaturen auswählen als bei Ober- und Unterhitze.
Das Vorheizen entfällt (außer bei Brot und Gebäck) und Sie können das Gericht sofort in den Backofen schieben. Das spart Zeit und Energie.
Außerdem können bis zu vier Ebenen genutzt werden, da die Temperatur überall gleich ist.

BASIS-REZEPTE

Dieses Kapitel enthält Basisrezepte, die in verschiedenen Gerichten im Buch zur Anwendung kommen können. Sie sind generell beim Kochen nützlich und vielfach nutzbar.

Natron ist am bekanntesten unter dem Markennamen Kaiser-Natron. In kleinen Tüten abgepackt, ist es in jedem Supermarkt in der Backabteilung, aber auch in Drogerien oder im Onlinehandel erhältlich.

NATÜRLICHES REINIGUNGSSPRAY

Obst und Gemüse von Wachs und Pestiziden befreien

Die natürliche und effektive Reinigung von Obst und Gemüse ist ein Basisrezept, das mir sehr wichtig ist und das ich gerne mit Ihnen teilen möchte.

Wenn Obst und Gemüse mit Pestiziden, Spritzmitteln oder Ähnlichem behandelt wurden, möchten Sie diese Stoffe nicht unbedingt mitessen. Auch Bio-Obst und-Gemüse wird häufig gespritzt oder mit einer glänzenden Wachsschicht überzogen. Mit diesem Reinigungsspray lässt sich alles wunderbar entfernen:

Topf | 10 Minuten | 10 Minuten | 1 Flasche

Zutaten

300 ml Wasser
1 Zitrone
2 TL Natron
75 ml Essig (günstiger Haushaltsessig)
1 Glasflasche mit Sprühkopf (ca. 300 ml)

1. Wasser in einem **TOPF** aufkochen und danach auskühlen lassen (z. B. im Kühlfach).
2. Zitrone pressen und durch ein feines Sieb in eine große Schüssel gießen. Das Sieb ist wichtig, damit später in der Sprühflasche keine Zitronenstücke den Spray verstopfen.
3. Natron, Essig und abgekühltes Wasser in die Schüssel dazugeben und alles gut verrühren.
4. Sobald sich der entstandene Schaum aufgelöst hat, den Inhalt in eine Glasflasche mit Sprühkopf umfüllen.
5. Obst und Gemüse einfach vor dem Verzehr einsprühen, leicht verreiben und mit kaltem Wasser gut abspülen.

TIPPS UND TRICKS

Wenn Sie diesen natürlichen Obst- und Gemüse-Reiniger bei dem Abwasch stehen haben, wird es schnell zur Gewohnheit, diesen vor jedem Verzehr automatisch zu verwenden. Es ist kein großer Aufwand, hat jedoch eine umso größere Wirkung!

Mit dem Inhalt einer Sprühflasche kommt ein durchschnittlicher Haushalt ca. 1,5 Monate aus.

Das natürliche Reinigungsspray muss nicht im Kühlschrank aufbewahrt werden.

GEWÜRZPASTE MIT GEMÜSE (AUCH FÜR GEMÜSEBRÜHE)

Topf | 20 Minuten | 45 Minuten | 1 Schraubglas (ca. 300 ml)

Zutaten

200 g Möhren | 200 g Staudensellerie | 100 g Zwiebeln | 100 g Tomaten | 150 g Zucchini | 1 Knoblauchzehe | 50 g Champignons | 1 getrocknetes Lorbeerblatt | 6 Zweiglein frische abgezupfte Kräuter (z. B. Rosmarin, Basilikum und Salbei) | 4 Stängel abgezupfte Petersilie | 120 g grobes Salz | 30 ml Wasser | 1 EL Olivenöl | 50 g geriebener Parmesan (optional)

1. Das Gemüse waschen, bei Bedarf schälen und klein würfeln. (Entweder grob würfeln und dann mit einer Küchenmaschine zerkleinern oder mit der Hand in kleine Würfel schneiden.)
2. Die frischen Kräuter waschen, trocken tupfen und grob hacken.
3. Zerkleinertes Gemüse und Kräuter, Salz, Wasser und Öl in einen **TOPF** geben, langsam erwärmen und für 25 Minuten bei mittlerer Hitze einkochen. Die Mischung dickt dabei ein und kann auch ziemlich trocken werden. Regelmäßig umrühren, damit sich am Boden nichts anlegt.
4. Alles mit einem Stabmixer fein pürieren.
5. Optional: Parmesan zugeben und verrühren oder noch einmal kurz pürieren.
6. Auskühlen lassen.
7. Die ausgekühlte Gewürzpaste in ein ausgekochtes Glas mit Deckel geben und verschließen.

TIPPS UND TRICKS

Für die Herstellung von 500 ml Gemüsebrühe verwenden Sie 1 TL Gewürzpaste und 500 ml Wasser.

Für ein Gericht verwenden Sie ca. ½–1 TL zum Würzen.

Die Gewürzpaste kann mit jedem Gemüse kombiniert werden. So können Sie alles aufbrauchen, was Sie vielleicht noch im Kühlschrank haben, bevor es verdirbt!

Füllen Sie die Gewürzpaste in ein Glas (oder mehrere Gläser), das gut in Ihren Kühlschrank (zum Beispiel ins Türfach) passt.

Die Gewürzpaste hält sich im Kühlschrank bis zu 4 Wochen oder im Gefrierfach bis zu 3 Monate (Achtung: hier kein Glas, sondern einen geeigneten Behälter zum Einfrieren verwenden).

Die Paste immer mit einem sauberen Löffel entnehmen, um eine Verunreinigung zu vermeiden und die Haltbarkeit zu gewährleisten.

Sie können damit alles würzen, wofür Sie früher Gewürzwürfel oder Gewürzsoßen aus dem Handel verwendet haben.

KRÄUTERSALZ

Backblech

15 Minuten

45 Minuten

1 Schraubglas (ca. 300 ml)

Zutaten

¼ Bund Petersilie
¼ Bund Rosmarin
¼ Bund Thymian
¼ Bund Schnittlauch
¼ Bund Majoran
¼ Bund Basilikum
200 g Meersalz (grob)

1. Backofen auf 35 °C Ober- und Unterhitze (oder 30 °C Umluft) vorheizen.
2. Die frischen Kräuter waschen, abtupfen und auf ein **BACKBLECH** legen. Im Ofen für ca. 30 Minuten trocknen. Zwischendurch die Kräuter wenden.
3. Die Blätter von den Stielen trennen. Blätter mit dem Salz vermengen. Mit einem Mörser alles zerkleinern und gut vermischen.
4. In ein Schraubglas füllen und verschließen.

FRÜHSTÜCK

Das Frühstück ist der perfekte Start in den Tag für alle Superhelden in der Familie. Es liefert uns nicht nur die Energie und Nährstoffe, die wir brauchen, um produktiv zu sein, sondern auch die Superkräfte, die wir benötigen, um die täglichen Herausforderungen zu meistern.
Unsere One-Pot-Stars (Pfanne, Topf, Auflaufform und Backblech) sind dabei unverzichtbar, um schnelle, einfache und leckere Frühstücksrezepte zu zaubern. Mit diesen Rezepten können Sie den Tag gemeinsam mit der Familie beginnen und Ihre Superkräfte optimal aktivieren.

FLADENBROT
mit Schinken-Käse-Füllung

Pfanne | 10 Minuten | 15 Minuten | 1 Portion

Zutaten

1 Scheibe Schinken
50 g Kirschtomaten
4 EL Mehl
1 TL Backpulver
2 Prisen Salz (oder Kräutersalz)
1 EL Joghurt
4 EL Wasser
4 EL Öl (z. B. Olivenöl)
20 g Gouda, gerieben
1 EL Schnittlauchringe
1 Prise Pfeffer

1. Schinken in kleine Würfel schneiden. Tomaten waschen und halbieren.
2. In einer Schüssel Mehl, Backpulver, 1 Prise Salz, Joghurt und Wasser zu einer glatten Mischung verrühren.
3. Ca. 2 EL Öl in einer **PFANNE** erhitzen. Teig hineingeben und gleichmäßig verteilen. Sobald das Brot zu backen beginnt, rundherum am Rand etwas Öl in die Pfanne träufeln. Wenn sich an der Oberfläche Blasen bilden, den Rand mit einem Spatel ablösen und die Pfanne schwenken.
4. Gouda, Schinken, Schnittlauchringe und Tomaten auf dem Fladenbrot verteilen. Mit Salz und Pfeffer würzen.
5. Das Fladenbrot in der Mitte zusammenfalten und auf beiden Seiten noch 2 Minuten backen, bis es goldbraun ist.
6. Am Teller abkühlen lassen, halbieren und genießen.

MINI-FRÜHSTÜCKSPIZZA

Backblech | 10 Minuten | 20 Minuten | 6 Stück

Zutaten

130 g Flammkuchenteig (aus dem Kühlregal)
100 g Kräuterfrischkäse
60 g Mozzarella, gerieben
1 TL Basilikum, getrocknet
80 g roher Schinken

1. Backofen auf 200 °C Ober- und Unterhitze (oder 180 °C Umluft) vorheizen.
2. Den Flammkuchenteig auf ein mit Backpapier ausgelegtes **BACKBLECH** legen und mit dem Frischkäse bestreichen. Mit Mozzarella bestreuen und mit dem Basilikum würzen.
3. Den rohen Schinken in kleine Würfel schneiden und auf dem Mozzarella verteilen.
4. Die Pizza auf mittlerer Schiene für 8 bis 10 Minuten backen.
5. Flammkuchen-Pizza in Streifen schneiden und servieren.

TIPPS UND TRICKS

Die Flammkuchen-Pizza kann nach Belieben belegt werden.

PUTEN-VOLLKORNSANDWICH

Pfanne | 15 Minuten | 20 Minuten | 4 Portionen

Zutaten

4 Salatblätter
1 Tomate
¼ Gurke
200 g Putenschnitzel
1 Prise Salz (oder Kräutersalz)
2 TL Butter
4 Scheiben Frühstücksspeck
4 Scheiben Vollkornsandwichbrot
2 EL Ketchup
2 TL Mayonnaise

1. Salatblätter waschen und abtupfen. Tomate waschen, Strunk entfernen und in Scheiben schneiden. Gurke schälen und in Scheiben schneiden.
2. Putenschnitzel klopfen und mit dem Salz würzen.
3. Butter in einer **PFANNE** erhitzen. Den Speck und das Fleisch für ca. 2 Minuten je Seite anbraten.
4. Das gebratene Putenschnitzel in breite Streifen schneiden.
5. Vollkornsandwichbrot toasten.
6. Das Ketchup mit der Mayonnaise vermischen und auf den getoasteten Sandwichscheiben verstreichen.
7. Sandwich mit Speck, Putenstreifen, Salatblättern, Tomaten- und Gurkenscheiben belegen. In Dreiecke schneiden und servieren.

EIER IM SPECKMANTEL

Muffinbelch | 10 Minuten | 20 Minuten | 4 Muffins

Zutaten

1 TL Butter
8–12 dünne Scheiben Speck
4 Eier
4 Prisen Salz (oder Kräutersalz)
1 EL Schnittlauchringe

1. Backofen auf 180 °C Ober- und Unterhitze (oder 200 °C Umluft) vorheizen.
2. **MUFFINBLECH** mit Butter einfetten.
3. Jede Muffinform mit 2–3 Speckscheiben vollständig auslegen. Jeweils 1 Ei vorsichtig in jede Vertiefung gleiten lassen und salzen. Für 10 Minuten backen.
4. Vor dem Servieren mit frischem Schnittlauch bestreuen.

Käse-Bohnen-Mischung

im Fladenbrot

Pfanne | 10 Minuten | 15 Minuten | 1 Portion

Zutaten

¼ Zwiebel
2 EL weiße Bohnen (Dose)
40 g Mehl
1 TL Backpulver
2 Prisen Salz
1 EL Joghurt
60 ml Wasser
3 EL Öl (z. B. Olivenöl)
20 g Gouda, gerieben
1 Prise Pfeffer

1. Zwiebel schälen und fein hacken. Bohnen leicht zerdrücken.
2. In einer Schüssel Mehl, Backpulver, 1 Prise Salz, Joghurt und Wasser zu einer glatten Mischung verrühren.
3. 2 EL Öl in einer **PFANNE** erhitzen. Teig hineingeben und gleichmäßig verteilen. Sobald das Brot zu backen beginnt, rundherum am Rand etwas Öl in die Pfanne träufeln. Wenn sich an der Oberfläche Blasen bilden, den Rand mit einem Spatel ablösen und die Pfanne schwenken.
4. Das Fladenbrot aufschneiden und mit Gouda, Bohnen und Zwiebel befüllen. Mit Salz und Pfeffer würzen.
5. Das Fladenbrot wieder zusammenfalten und auf beiden Seiten noch 2 Minuten backen, bis es goldbraun ist.
6. Am Teller abkühlen lassen, vierteln und genießen.

QUESADILLAS

mit Tomaten und Basilikum

Backblech | 10 Minuten | 20 Minuten | 4 Quesadillas

Zutaten

2 Tomaten
4 EL Basilikum
4 EL Frischkäse
200 g Emmentaler, gerieben
8 kleine Tortilla-Fladen
2 EL Öl (z. B. Olivenöl)

1. Backofen auf 200 °C Ober- und Unterhitze (oder 180 °C Umluft) vorheizen.
2. Tomaten waschen, Strunk entfernen und in kleine Würfel schneiden. Basilikum waschen, trocken tupfen und in Streifen schneiden.
3. Den Frischkäse mit dem Emmentaler, den Tomaten und dem Basilikum in einer Schüssel verrühren.
4. 4 Tortilla-Fladen damit einstreichen und mit den anderen 4 Fladen bedecken. Die Fladen mit etwas Öl einpinseln und auf ein mit Backpapier ausgelegtes **BACKBLECH** legen. Die Quesadillas auf mittlerer Schiene für 10 Minuten backen.
5. Zum Anrichten vierteln.

BUNTES RÜHREI

Pfanne | 10 Minuten | 15 Minuten | 4 Portionen

Zutaten

1 rote und 1 gelbe Paprikaschote
1 Zwiebel
2 TL frischer Dill
8 Eier
20 ml Milch
je 2 Prisen Salz und Pfeffer
2 TL Butter

1. Paprika waschen, entkernen und klein schneiden. Zwiebel schälen und fein hacken. Dill waschen und hacken.
2. Eier in eine Schüssel geben und mit Milch, Salz und Pfeffer verquirlen.
3. Butter in einer **PFANNE** erhitzen. Zwiebel andünsten. Paprika dazugeben und gut vermischen. Die Eimasse hineingießen und unter Rühren stocken lassen.
4. Zum Servieren mit frischem Dill bestreuen.

Pikanter Milchreis

Topf | 10 Minuten | 35 Minuten | 4 Portionen

Zutaten

160 g Milchreis | 700 ml Mandelmilch | 1 Prise Salz (oder Kräutersalz) | 1 Prise Muskatnuss | 50 g frische oder TK-Erbsen | 40 g Käse, gerieben

1. Den Milchreis mit Mandelmilch, Salz, Muskatnuss und Erbsen in einen **TOPF** geben.
2. Den Milchreis aufkochen lassen, die Hitze reduzieren und mit geschlossenem Deckel für etwa 15 Minuten weitergaren. Ab und an umrühren.
3. Den Reis vom Herd nehmen, den Käse einrühren und mit geschlossenem Deckel für weitere 10 Minuten ziehen lassen.

Spiegelei mit Käse überbacken

Pfanne | 10 Minuten | 20 Minuten | 4 Portionen

Zutaten

1 Tomate | 3 EL Öl (z. B. Olivenöl) | 4 Eier | 1 Prise Salz | 1 Prise Pfeffer | 4 Scheiben Käse

1. Tomate waschen, Strunk entfernen und in Scheiben schneiden.
2. Öl in einer **PFANNE** erhitzen und die Eier vorsichtig in die Pfanne schlagen. Nach einigen Minuten jeweils eine Tomatenscheibe auf jedes Spiegelei legen. (Das Eigelb ist noch flüssig, daher vorsichtig auflegen). Mit Salz und Pfeffer würzen.
3. Jeweils 1 Käsescheibe auf jedes Spiegelei legen und so lange braten, bis der Käse geschmolzen ist.

SHAKSHUKA

Pfanne | 15 Minuten | 25 Minuten | 4 Portionen

Zutaten

1 Zwiebel
3 Knoblauchzehen
1 rote Paprikaschote
3 EL Öl (z. B. Olivenöl)
3 EL Tomatenmark
1 Prise gemahlener Kümmel
1 Prise Paprikapulver
2 Prisen Pfeffer
300 g gehackte Tomaten (Dose)
1 Prise Salz
4 Eier
1 EL Petersilie, gehackt

1. Zwiebel und Knoblauch schälen und fein hacken. Paprika waschen, entkernen und in kleine Würfel schneiden.
2. Öl in der **PFANNE** erhitzen. Zwiebel darin goldbraun anbraten. Paprikawürfel und Knoblauch dazumischen und weich kochen lassen.
3. Tomatenmark, Kümmel, Paprikapulver und 1 Prise Pfeffer einrühren. Mit den gehackten Tomaten aufgießen und köcheln lassen, bis die Tomatenmasse eingedickt ist. Mit Salz und Pfeffer abschmecken.
4. 4 kleine Gruben mit dem Kochlöffel freischaufeln und jeweils 1 Ei hineinschlagen. Mit geschlossenem Deckel ca. 5–8 Minuten garen, bis das Eiweiß gestockt ist.
5. Mit frischer Petersilie garnieren und servieren.

RÜHRTOFU

mit Zucchini

Pfanne | 10 Minuten | 10 Minuten | 4 Portionen

Zutaten

360 g Tofu
2 TL Öl (z. B. Kokosöl)
6 EL Sojajoghurt
2 Prisen Kurkuma
1 Prise Pfeffer
2 EL Hefeflocken
2 Prisen Salz (oder Kräutersalz)
2 Zucchini
1 Möhre

1. Den Tofu trocken tupfen und fein zerbröseln.
2. Öl in einer **PFANNE** erhitzen und den Tofu darin anbraten.
3. Sojajoghurt mit Kurkuma, Pfeffer, Hefeflocken und Salz in einer Schüssel verrühren.
4. Den Joghurt über den Tofu gießen und verrühren.
5. Zucchini waschen und trocken tupfen. Möhre schälen. Zucchini und Möhren in kleine Würfel schneiden. In die Pfanne dazugeben und für weitere 3 Minuten braten.

VEGANER KÜRBIS-GRIESSBREI

Topf | 15 Minuten | 20 Minuten | 4 Portionen

Zutaten

100 g Hokkaido-Kürbis
2 TL Margarine
360 ml Mandelmilch
60 g Weichweizengrieß
1 Prise Salz (oder Kräutersalz)
1 Prise Pfeffer
1 Prise Muskatnuss
4 EL Sonnenblumenkerne, geröstet

1. Kürbis in kleine Würfel schneiden.
2. Margarine in einem **TOPF** erhitzen und den Kürbis darin anschwitzen. Mit der Mandelmilch aufgießen und aufkochen lassen. Den Weichweizengrieß in den Topf geben und unter ständigem Rühren für 5 Minuten kochen lassen.
3. Mit Salz, Pfeffer und Muskatnuss würzen. Vom Herd nehmen und für weitere 5 Minuten ziehen lassen.
4. In Schalen anrichten und mit Sonnenblumenkernen bestreuen.

GEDÜNSTETES GEMÜSE

am Spieß

Pfanne | 15 Minuten | 20 Minuten | 4 Portionen

Zutaten

300 g frisches Gemüse der Saison
2 TL Öl (z. B. Kokosöl)
2 TL Ahornsirup
200 ml Gemüsebrühe
1 Prise Salz (oder Kräutersalz)
1 EL Sesam zum Bestreuen
200 g Sojajoghurt zum Dippen

1. Buntes Gemüse der Saison (z. B. Paprikaschoten, Tomaten, Zwiebel, Zucchini) waschen und bei Bedarf schälen. In mundgerechte Stücke schneiden und auf kleine Holzspieße stecken.
2. Öl in einer **PFANNE** erhitzen und die Spieße darin bei mittlerer Hitze für ca. 2 Minuten anbraten. Die Spieße gelegentlich wenden.
3. Den Ahornsirup dazugeben und leicht karamellisieren lassen.
4. Mit der Gemüsebrühe aufgießen und mit Salz würzen. Das Gemüse für 5 Minuten weich dünsten, bis die Brühe fast verdampft ist.
5. Die Spieße mit Sesam bestreuen und den Sojajoghurt als Dip dazu reichen.

Zucchinitaler

Pfanne | 15 Minuten | 25 Minuten | 4 Portionen

Zutaten

2 EL Leinsamen, geschrotet
4 EL heißes Wasser
2 Zucchini
2 Kartoffeln
4 EL Haferkleie
2 EL Mehl (z. B. Kokosmehl)
1 Prise Salz (oder Kräutersalz)
1 Prise Pfeffer
1 Prise Muskatnuss
ca. 4 EL Öl (z. B. Kokosöl)
1 EL Schnittlauchringe

1. Die Leinsamen mit dem Wasser in eine kleine Schale geben, verrühren und für 5 Minute quellen lassen.
2. Zucchini waschen, trocken tupfen, raspeln und in einem Küchentuch ausdrücken. Kartoffeln schälen und raspeln.
3. Leinsamen, Zucchini, Kartoffeln, Haferkleie, Mehl, Salz, Pfeffer und Muskatnuss in eine Schüssel geben und gut vermischen. Die Masse für 10 Minuten ruhen lassen.
4. Öl in einer **PFANNE** erhitzen und mit einem Esslöffel kleine Kleckse der Masse in die Pfanne geben. Etwas flach drücken und für ca. 3 Minuten je Seite bei mittlerer Hitze braten.
5. Zum Servieren mit frischem Schnittlauch bestreuen.

Warmer Beeren-Porridge

Topf | 20 Minuten | 20 Minuten | 4 Portionen

Zutaten

1 Apfel
1 Banane
125 g zarte Haferflocken
500 ml Milch
½ TL gemahlener Zimt
2 EL Honig
4 Erdbeeren
4 EL Heidelbeeren

1. Apfel schälen, entkernen und raspeln. Banane schälen und in Scheiben schneiden.
2. Die Haferflocken mit der Milch, dem Apfel, der Banane, dem Zimt und dem Honig in einen **TOPF** geben und vermischen. Unter gelegentlichem Rühren 2–3 Minuten köcheln lassen, bis eine breiige Konsistenz entsteht.
3. Den Porridge in Schälchen füllen.
4. Erdbeeren waschen und halbieren. Mit Erdbeeren und Heidelbeeren lustig garnieren.

French Toast

Pfanne | 10 Minuten | 10 Minuten | 4 Portionen

Zutaten

100 ml Milch
2 Eier
1 TL Vanillezucker
4 Scheiben Toastbrot
2 EL Butter
2 EL Rohrzucker
1 EL gemahlener Zimt
200 g frische Himbeeren

1. Milch, Eier und Vanillezucker in einer Schale gut verrühren. Die Toastscheiben darin durchziehen.
2. Butter in einer **PFANNE** erhitzen und die Toastscheiben darin für ca. 90 Sekunden je Seite goldbraun braten.
3. Den Rohrzucker mit dem Zimt in einem Teller vermischen und die gebacken Toastscheiben darin wenden.
4. Himbeeren waschen, trocken tupfen und zum French Toast servieren.

Bananen-Muffins

Muffinblech | 15 Minuten | 40 Minuten | 4 Portionen (8 Muffins)

Zutaten

3 Bananen
160 g Mehl
2 EL Kakao
1 Prise Zimt
1 TL Backpulver
80 g Zucker
70 g Butter
80 ml Pflanzenmilch
2 Eier

1. 1 Banane schälen, davon 8 Scheiben abschneiden und auf die Seite legen.
2. Die restlichen Bananen schälen und mit einer Gabel zerdrücken.
3. Bananen, Mehl, Kakao, Zimt, Backpulver, Zucker, Butter, Pflanzenmilch und Eier in eine Schüssel geben. Für ca. 6 Minuten mit einem Handmixer zu einem glatten Teig verrühren.
4. Backofen auf 170 °C Ober- und Unterhitze (oder 150 °C Umluft) vorheizen.
5. Den Teig in einem **MUFFINBLECH** in 8 Formen füllen und jeweils eine Bananenscheibe oben auflegen. Im Backofen für ca. 18 Minuten backen. Aus dem Ofen nehmen und auskühlen lassen.

SCHOKO-KIRSCH-MÜSLIRIEGEL

Backblech | 15 Minuten | 40 Minuten | etwa 10 Müsliriegel

Zutaten

80 g Kirschen
50 g Dinkelflocken
50 g Haferflocken
50 g Kokosflocken
30 g Schokostückchen
50 g Sonnenblumenkerne oder Erdnüsse, grob gehackt
35 ml Öl (z. B. Kokosöl)
80 ml Dattelsüße oder Honig

1. Kirschen waschen, halbieren und entsteinen.
2. Dinkel-, Hafer- und Kokosflocken, Schokostückchen, Erdnüsse, Öl und Dattelsüße (oder Honig) in einer Schüssel gut verrühren. Das funktioniert mit den Händen oder mit einem Handmixer ganz gut. Die Masse für einige Minuten quellen lassen.
3. Backofen auf 160 °C Ober- und Unterhitze (oder 140 °C Umluft) vorheizen. Die Masse gleichmäßig auf ein mit Backpapier ausgelegtes **BACKBLECH** streichen. Für etwa 20 Minuten backen.
4. Aus dem Ofen nehmen und noch heiß in 10 Müsliriegel schneiden. Danach gut auskühlen lassen.

MITTAGESSEN

Auch in der hektischen Mitte des Tages sind unsere One-Pot-Superstars (Pfanne, Topf, Auflaufform und Backblech) unverzichtbare Helfer, um schnell und einfach ein leckeres und nahrhaftes One-Pot-Mittagessen auf den Tisch zu zaubern.

Treten Sie ein in eine facettenreiche Welt der Zutaten. Suppen, Salate, Fleisch, Fisch, vegetarisch und vegan, alles ist möglich. Auch gibt es großartige Speisen für Sie, wenn es einmal ein süßes Hauptgericht sein soll. Aus den Rezepten können Sie sich Ihr persönliches Lieblingsmenü zusammenstellen.

Und das Beste: Mit nur einem einzigen Kochgeschirr bleibt der Aufwand in der Küche minimal und Sie haben mehr Zeit, um sich Ihren eigenen Superhelden-Aufgaben zu widmen.

KARTOFFELSUPPE
mit Chips

Topf | 15 Minuten | 40 Minuten | 4 Portionen

Zutaten

1 Zwiebel
400 g Kartoffeln
60 g Sellerie
1 EL Butter
1 l Gemüsebrühe
2 Lorbeerblätter
½ TL Salz (oder Kräutersalz)
1 Prise weißer Pfeffer
1 Prise Muskatnuss
1 TL Rosmarin, fein gehackt
einige Chips zum Garnieren

1. Zwiebel schälen und klein schneiden. Die Kartoffeln und den Sellerie schälen und in 1 cm große Stücke schneiden.
2. Butter in einem **TOPF** erhitzen und die Zwiebel darin hell andünsten.
3. Kartoffeln und Sellerie dazugeben. Für 3 Minuten mitbraten und mit der Gemüsebrühe aufgießen.
4. Mit Lorbeerblättern, Salz, Pfeffer, Muskatnuss und Rosmarin würzen.
5. Den Topf mit einem Deckel verschließen und alles bei mittlerer Hitze für etwa 20 Minuten kochen lassen.
6. Die Kartoffelsuppe mit einem Stabmixer fein pürieren.
7. Die Suppe in Suppenschalen anrichten und mit Chips garnieren.

HINWEIS

Die Gewürzpaste finden Sie bei den Basisrezepten.
Für die Herstellung von 500 ml Gemüsebrühe rühren Sie 1–2 TL Gewürzpaste in 500 ml heißes Wasser.

REIS-TOMATEN-SUPPE

Topf	15 Minuten	35 Minuten	4 Portionen

Zutaten

1 rote Zwiebel
2 Knoblauchzehen
2 EL Öl (z. B. Olivenöl)
2 TL Tomatenmark
600 g stückige Tomaten
500 ml Gemüsebrühe
100 g Reis
1 TL Salz (oder Kräutersalz)
1 TL getrockneter Oregano
½ TL Rohrzucker
1 EL Petersilie, gehackt
4 TL Parmesan, gerieben

1. Zwiebel und Knoblauch schälen und fein hacken.
2. Öl in einem **TOPF** erhitzen. Zwiebel und Knoblauch darin hell anschwitzen.
3. Tomatenmark dazugeben und kurz mit anbraten.
4. Mit den stückigen Tomaten und der Gemüsebrühe aufgießen.
5. Reis dazugeben. Den Topf mit einem Deckel zudecken und bei mittlerer Hitze für ca. 30 Minuten köcheln lassen.
6. Mit Salz, Oregano und Rohrzucker abschmecken. Für 5 Minuten ohne Hitze ziehen lassen.
7. Zum Anrichten mit Petersilie und Parmesan bestreuen.

CREMIGE ERBSENSUPPE

Topf | 15 Minuten | 20 Minuten | 4 Portionen

Zutaten

1 Zwiebel
2 Knoblauchzehen
2 TL Butter
500 g TK-Erbsen
800 ml Gemüsebrühe
200 ml Sahne
1 TL Salz (oder Kräutersalz)
2 EL frische Erbsen (optional)

1. Zwiebel und Knoblauch schälen und fein würfeln.
2. Die Butter in einem **TOPF** aufschäumen lassen und die Zwiebel mit dem Knoblauch darin hell anschwitzen.
3. Die tiefgekühlten Erbsen dazugeben und für 2 bis 3 Minuten andünsten lassen.
4. Mit der Gemüsebrühe aufgießen und für 5 Minuten kochen.
5. Mit der Sahne verfeinern und mit Salz abschmecken.
6. Die Erbsensuppe mit einem Pürierstab fein mixen. Optional: Zum Anrichten mit frischen Erbsen garnieren.

MAISCREMESUPPE

Topf	10 Minuten	20 Minuten	4 Portionen

Zutaten

1 Zwiebel
2 Knoblauchzehen
2 TL Butter
500 g Mais (Glas)
800 ml Gemüsebrühe
1 TL saure Sahne
1 Prise Salz (oder Kräutersalz)
1 TL Thymian, gehackt
2 EL Schnittlauchringe

1. Zwiebel und Knoblauch schälen und fein hacken.
2. Butter in einem **TOPF** erhitzen und die Zwiebel mit dem Knoblauch darin hell anschwitzen.
3. Mais abtropfen und 1 EL zum Garnieren beiseite stellen. Den restlichen Mais in den Topf dazugeben und mit der Gemüsebrühe aufgießen. Für 10 Minuten bei mittlerer Hitze köcheln lassen.
4. Die saure Sahne hinzugeben und die Maissuppe mit einem Stabmixer fein pürieren.
5. Mit dem Salz und dem Thymian abschmecken.
6. Die Suppe anrichten und mit Mais und Schnittlauch bestreuen.

Knusper-Minestrone

Topf | 15 Minuten | 35 Minuten | 4 Portionen

Zutaten

1 Zucchini
50 g Blumenkohl
50 g Brokkoli
1 TL Öl (z. B. Olivenöl)
1 TL Tomatenmark
500 ml Gemüsebrühe
50 g Mini-Penne
1 TL getrocknete italienische Kräuter
1 TL Salz (oder Kräutersalz)
½ TL Rohrzucker
6 Kirschtomaten
½ Avocado
1 Packung ungesalzene Tortilla-Chips
3 EL Parmesan, gerieben

1. Zucchini waschen, trocken tupfen, der Länge nach halbieren und in 5 mm dicke Scheiben schneiden. Blumenkohl und Brokkoli in kleine Röschen schneiden.
2. Öl in einem **TOPF** erhitzen. Zucchini, Blumenkohl, Brokkoli und Tomatenmark darin anbraten.
3. Mit der Gemüsebrühe aufgießen und aufkochen lassen.
4. Mini-Penne dazugeben und mit den italienischen Kräutern, dem Salz und dem Rohrzucker würzen. Für 5 Minuten kochen lassen.
5. Tomaten waschen, halbieren und in die Suppe geben. Für weitere 2 Minuten köcheln lassen.
6. Avocado schälen und in Würfel schneiden. Die Suppe in Suppentellern anrichten. Mit Tortilla-Chips, Avocado und Parmesan garnieren.

MEXIKANISCHER BOHNENSALAT

Topf | 10 Minuten | 20 Minuten (ohne Einweichzeit) | 4 Portionen

Zutaten

100 g getrocknete Linsen
½ Gurke
½ Möhre
4 Tomaten
½ Avocado
200 g Mais (Glas)
200 g Kidneybohnen (Dose)
6 EL Essig
4 EL Öl (z. B. Olivenöl)
4 EL Petersilie, gehackt
½ TL Salz (oder Kräutersalz)
1 Packung Tortilla-Chips

1. Die Linsen für einige Stunden (am besten am Vortag) in Wasser einweichen. Anschließend in einem **TOPF** mit Wasser (je nach Linsensorte 15–30 Minuten) weich kochen und abseihen.
2. Gurke waschen und in kleine Würfel schneiden. Möhre schälen und ebenfalls in feine Würfel schneiden. Tomaten waschen, trocken tupfen, Strunk entfernen und in 5 mm kleine Würfel schneiden. Avocado schälen und in 1 cm große Würfel schneiden.
3. Alle Zutaten mit dem Mais, den Kidneybohnen und den Linsen in eine Schüssel geben und gut vermischen.
4. Mit Essig, Öl und Petersilie marinieren und für 10 Minuten durchziehen lassen.
5. Bei Bedarf mit Salz abschmecken. Mit Tortilla-Chips servieren.

WARMER COUSCOUSSALAT

mit Kichererbsen

Topf | 10 Minuten | 30 Minuten | 4 Portionen

Zutaten

2 Möhren
2 gelbe Paprikaschoten
500 g Kichererbsen (Dose)
6 EL Öl (z. B. Olivenöl)
6 EL Tomatenmark
600 ml Gemüsebrühe
300 g Couscous
1 Prise Salz
1 Prise Pfeffer
1 EL Petersilie, gehackt

1. Möhren schälen und in kleine Würfel schneiden. Paprika waschen, entkernen und ebenfalls in kleine Würfel schneiden.
2. Kichererbsen in einem Sieb gut abwaschen und abtropfen lassen.
3. Öl in einem **TOPF** erhitzen. Möhren und Paprika dazugeben und bei mittlerer Hitze 5 Minuten andünsten. Tomatenmark untermischen und für weitere 2 Minuten anschwitzen.
4. Gemüsebrühe in den Topf leeren und aufkochen lassen. Dann Couscous, Salz und Pfeffer einrühren. Vom Herd nehmen und zugedeckt 10 Minuten quellen lassen.
5. Kichererbsen zum Couscous geben und gut vermischen. Mit Salz und Pfeffer abschmecken. Mit frischer Petersilie bestreuen und servieren.

ORIGINAL CAESAR SALAD

Backblech | 15 Minuten | 25 Minuten | 4 Portionen

Zutaten

200 g Vollkornbrot
4 EL Öl (z. B. Olivenöl)
600 g grüner Salat (z. B. Römersalat)
4 EL Balsamicoessig
1 Prise Salz (oder Kräutersalz)
20 Kirschtomaten (optional)
4 EL Parmesan, gerieben

1. Backofen auf 200 °C Ober- und Unterhitze (oder 180 °C Umluft) vorheizen.
2. Das Vollkornbrot in 2 cm große Würfel schneiden und in eine Schüssel geben. Mit dem Öl beträufeln und gut durchmischen. Die Brotwürfel auf einem mit Backpapier ausgelegtem **BACKBLECH** verteilen und für etwa 8 Minuten im Ofen knusprig backen.
3. Den Salat waschen, trocken tupfen (oder schleudern) und in 1 cm lange Streifen schneiden.
4. Salat, Brotwürfel, Balsamicoessig und Salz in einer Schüssel vermengen.
   Optional: Tomaten waschen, halbieren und unter den Salat mischen.
5. Zum Anrichten mit Parmesan bestreuen.

Bunter Nudelsalat

mit Pesto und Erdbeeren

Topf | 15 Minuten | 30 Minuten | 4 Portionen

Zutaten

500 g Nudeln
1 Prise Salz
1 Packung Feta
400 g Erdbeeren
240 g Pesto (Glas)
10–15 Oliven (optional)
10 Basilikumblätter

1. Die Nudeln in einem **TOPF** mit Salzwasser bissfest kochen und abseihen.
2. Feta in kleine Würfel schneiden. Erdbeeren waschen und halbieren.
3. Die noch warmen Nudeln mit dem Pesto im Topf verrühren. Erdbeeren, Feta und optional Oliven dazumischen.
4. Mit Basilikumblättern garnieren und servieren.

WARMER WEISSKOHLSALAT

mit Speck

Pfanne | 25 Minuten | 60 Minuten | 4 Portionen

Zutaten

1 Kopf Weißkohl
2 Zwiebeln
200 g Speck (durchzogen)
2 EL Öl (z. B. Kokosöl)
2 EL Zucker
2 EL Essig
2 Prisen Kümmel im Ganzen
¼ TL Pfeffer
½ TL Salz
300 ml Wasser

1. Weißkohl vom Strunk befreien und in feine Streifen schneiden. Zwiebeln schälen und klein hacken. Speck würfelig schneiden.
2. Öl in einer **PFANNE** erhitzen und die Zwiebel glasig dünsten. Danach den Speck darin anbraten. Zucker darüberstreuen und ein wenig karamellisieren lassen. Davon einige Speckwürfel beiseite stellen zum Garnieren.
3. Mit Essig ablöschen und den Weißkohl gut untermischen. Mit Kümmel, Pfeffer und Salz würzen.
4. Mit Wasser aufgießen, bis der Kohl bedeckt ist. 10–20 Minuten dünsten, bis der Kohl weich ist. Gelegentlich umrühren, um ein Anbrennen in der Pfanne zu vermeiden.
5. Salat in Schüsseln verteilen. Mit Speckwürfeln garnieren und servieren.

Gemüsesalat

mit selbst gemachter Mayonnaise

Topf | 15 Minuten | 25 Minuten | 4 Portionen

Zutaten

800 g tiefgekühltes Kaisergemüse, aufgetaut
2 l Gemüsebrühe
200 g Joghurt
2 Eier
2 EL Senf
2 EL Apfelessig
1 TL Salz (oder Kräutersalz)
1 Prise Pfeffer
250 ml Öl (z. B. Rapsöl)
1 EL Petersilie zum Garnieren

1. Das Kaisergemüse mit der Gemüsebrühe in einen **TOPF** geben, erhitzen und für 8 Minuten kochen lassen.
2. Das Gemüse mit kaltem Wasser abschrecken, in eine Schüssel geben und auskühlen lassen.
3. Selbst gemachte Mayonnaise herstellen: Joghurt, Eier, Senf, Apfelessig, Salz und Pfeffer in ein hohes Gefäß geben und mit einem Stabmixer gut vermixen. Während des Mixens das Öl langsam einlaufen lassen, dabei den Stabmixer langsam hochziehen.
4. Die Joghurtmayonnaise zum Gemüse geben und vermischen.
5. Auf 4 Tellern anrichten und mit Petersilie garnieren.

Saftige Basilikum-Hühnerfilets

auf Ofengemüse

Backblech | 20 Minuten | 60 Minuten | 4 Portionen

Zutaten

4 Hühnerfilets
12–16 frische Basilikumblätter
2 TL Salz
4–8 Scheiben Schinkenspeck
1 Stange Porree
2 rote und 2 gelbe Paprikaschoten
1 Knolle Knoblauch
300 g Kirschtomaten
4 EL Öl (z. B. Olivenöl)
1 Zucchini
50 g Speckwürfel

1. Die Hühnerfilets waschen und trocken tupfen. An der dicksten Stelle einen ca. 5 cm langen Schlitz einschneiden. In diesen jeweils 3–4 Basilikumblätter hineinstopfen und mit ca. 1 TL Salz würzen. Die Filets jeweils mit 1–2 Scheiben Schinkenspeck umwickeln.
2. Backofen auf 200 °C Ober- und Unterhitze (oder 180 °C Umluft) vorheizen.
3. Porree waschen, in 2 cm dicke Scheiben schneiden und grob zerpflücken. Paprika waschen, entkernen und in große Stücke (ca. 3 × 3 cm) schneiden. Knoblauch (nur) schälen. Die Kirschtomaten waschen (sie bleiben ganz).
4. Ein **BACKBLECH** mit ca. 2 EL Öl beträufeln. Das Gemüse direkt daraufgeben, gut vermischen und mit ca. 1 TL Salz bestreuen.
5. Die Hühnerfilets auf dem Backblech leicht durch das Öl ziehen und gut verteilt zwischen dem Gemüse platzieren.
6. Zucchini waschen, Enden abschneiden und mit einem Schäler in dünne Streifen schneiden. Den weichen Innenkern weglassen. Zucchinistreifen auf dem Backblech verteilen.
7. Ca. 2 EL Öl darüber verteilen. Speckwürfel auf dem Blech verstreuen, in den vorgeheizten Backofen schieben und für 40 Minuten backen. Nach den ersten 20 Minuten nur das Gemüse vorsichtig mit einer Gabel oder einem Kochlöffel ein wenig umschichten (nicht umrühren).

MASCARPONE-NUDELN

mit Parmaschinken

Topf	10 Minuten	20 Minuten	4 Portionen

Zutaten

200 g Parmaschinken (dünne Scheiben)
4 Stängel Basilikum
50 g Pinienkerne
2 l Gemüsebrühe
800 g Nudeln (z. B. Tagliatelle)
400 g Mascarpone
½ TL Salz
2 Prisen Pfeffer
120 g Parmesan, gerieben

1. Parmaschinken in dünne Streifen schneiden. Basilikum waschen, abtupfen und abzupfen.
2. Pinienkerne in einem großen **TOPF** anrösten, herausnehmen und beiseite stellen.
3. Gemüsebrühe in den Topf gießen und aufkochen lassen. Nudeln darin bissfest kochen (lt. Packungsanweisung).
4. Mascarpone, Parmaschinken, Salz und Pfeffer dazugeben und gut verrühren.
5. Mit Pinienkernen, Basilikum und Parmesan bestreuen und servieren.

PFANNENPIZZA

Pfanne | 10 Minuten | 20 Minuten | 2 Portionen

Zutaten

½ Zwiebel
2 Tomaten
100 g Mais (Glas)
2 Eier
4 EL saure Sahne
10 EL Mehl
1 Prise Salz
2 EL Öl (z. B. Kokosöl)
15–20 Scheiben Salami
50 g Käse, gerieben
1 EL getrockneter Oregano

1. Zwiebel schälen und in dünne Ringe schneiden. Tomaten waschen, Strunk entfernen und in Scheiben schneiden. Mais in einem Sieb waschen und abtropfen lassen.
2. Eier, saure Sahne, Mehl und Salz zu einem Teig verrühren.
3. Öl in einer **PFANNE** erhitzen. Den Teig in die Pfanne geben, mit Tomaten, Salami und Mais belegen. Mit Käse und Oregano bestreuen.
4. Auf kleiner Stufe für ca. 10 Minuten bei kleiner Hitze backen. Danach den Deckel auf die Pfanne geben. Sobald der Käse geschmolzen ist, ist die Pfannenpizza fertig.

PUTEN-FRIKASSEE

mit Erbsen und Möhren

Topf | 10 Minuten | 30 Minuten | 4 Portionen

Zutaten

500 g Putenbrustfilet
200 g Möhren
500 ml Gemüsebrühe
2 Lorbeerblätter
200 ml Sahne
300 g Erbsen
½ TL Salz (oder Kräutersalz)
2 Prisen weißer Pfeffer
2 TL Maismehl
3 EL saure Sahne
3 EL Schnittlauchringe

1. Putenbrustfilet waschen, trocken tupfen und in 2 cm große Würfel schneiden. Möhren schälen und in dünne Scheiben schneiden.
2. Die Gemüsebrühe mit den Lorbeerblättern in einem **TOPF** erhitzen.
3. Die Putenwürfel in der Gemüsebrühe für 10 Minuten bei mittlerer Hitze garen lassen.
4. Mit der Sahne aufgießen, Erbsen und Möhren dazugeben. Mit Salz und Pfeffer würzen. Für weitere 5 Minuten köcheln lassen.
5. Das Maismehl mit der sauren Sahne verrühren und in den Topf einrühren. Ein weiters Mal kurz aufkochen lassen.
6. Zum Anrichten mit dem Schnittlauch bestreuen.

PASTA
mit Rindfleisch und Tomaten

Topf | 20 Minuten | 30 Minuten | 4 Portionen

Zutaten

1 Zwiebel | 400 g Rinderfilet | 100 g rote Kirschtomaten | 100 g gelbe Kirschtomaten | 4 Stängel Basilikum | 4 EL Öl (z. B. Kokosöl) | 4 Prisen Salz | 2 Prisen Pfeffer | 800 ml Gemüsebrühe | 400 g Nudeln (z. B. Fettuccine) | 80 g Parmesan, gerieben

1. Zwiebel schälen, halbieren und in dünne Scheiben schneiden. Rinderfilet in dünne und mundgerechte Stücke schneiden. Tomaten waschen und halbieren. Basilikum waschen, abtupfen und abzupfen.
2. 2 EL Öl in einem **TOPF** erhitzen und die Fleischstücke darin von allen Seiten anbraten. Mit 2 Prisen Salz und 1 Prise Pfeffer würzen, kurz vermengen, herausnehmen und beiseite stellen.
3. Die restlichen 2 EL Öl im Topf erhitzen und die Zwiebel darin goldbraun andünsten. Mit Gemüsebrühe aufgießen und zugedeckt aufkochen lassen.
4. Die Nudeln dazugeben und bissfest kochen (lt. Packungsanweisung).
5. Tomaten, Rindfleisch, Zwiebel, 2 Prisen Salz und 1 Prise Pfeffer mit den Nudeln mischen. 1–2 Minuten unter Rühren erhitzen.
6. Mit Parmesan und Basilikum bestreuen und servieren.

Gefüllte Süsskartoffeln

Backblech | 20 Minuten | 80 Minuten | 4 Portionen

Zutaten

4 gleich große Süßkartoffeln
3 EL Öl (z. B. Olivenöl)
2 TL Salz
2 Prisen Pfeffer
2 Knoblauchzehen
250 g Hähnchenbrustfilet
1 gelbe Möhre
200 g Hartkäse (z. B. mittelalter Gouda)
1 TL Paprikapulver
200 g saure Sahne
1 EL Petersilie, gehackt

1. Backofen auf 200 °C Ober- und Unterhitze vorheizen.
2. Süßkartoffeln waschen und trocken tupfen. Mit einer Gabel rundherum anstechen, mit 1 EL Öl einpinseln und die Schale mit ½ TL Salz und 1 Prise Pfeffer würzen. Auf ein mit Backpapier belegtes **BACKBLECH** legen. Für ca. 40–60 Minuten im Ofen backen. Mit einer Gabel hineinstechen und prüfen, ob die Kartoffeln weich sind.
3. Knoblauch schälen und fein hacken. Hähnchenbrustfilet mit kaltem Wasser waschen, trocken tupfen und in 1 cm große Würfel schneiden. Möhre schälen und in feine Streifen schneiden oder raspeln. Käse grob reiben.
4. Paprikapulver, 1 TL Salz, 1 Prise Pfeffer und 2 EL Öl in einer Schüssel verrühren. Dann das Fleisch und die geraspelte Möhre in diese Marinade geben und gut vermischen.
5. Süßkartoffeln der Länge nach tief einschneiden und die Hälften auseinanderdrücken. Mit der Hähnchen-Mischung füllen und mit Käse bestreuen. Im Ofen für ca. 20 Minuten backen. Danach den Grill dazuschalten und für ca. 3 Minuten übergrillen.
6. Für den Dip Knoblauch, saure Sahne und ½ TL Salz in einer kleinen Schüssel verrühren. Mit Petersilie bestreuen und mit Dip servieren.

Ofenhähnchen

mit Kartoffeln

Auflaufform | 15 Minuten | 80 Minuten | 4 Portionen

Zutaten

4 Hühnerkeulen
1 kg Kartoffeln (festkochend)
1 Knoblauchknolle
1 Zitrone
½ TL Salz
1 Prise Pfeffer
8 EL Öl (z. B. Olivenöl)
4–6 Thymianzweige

1. Backofen auf 220 °C Ober- und Unterhitze vorheizen.
2. Hühnerkeulen kalt abwaschen und abtupfen. Kartoffeln waschen und halbieren oder achteln (je nach Größe). Knoblauchknolle quer halbieren. Zitrone waschen und vierteln.
3. Hühnerkeulen, Kartoffeln, Knoblauch, Salz und Pfeffer in einer **AUFLAUFFORM** gut vermischen. Einige Zitronenspritzer (mit einer Zitronenspalte) über den Zutaten auspressen. Die Zitronenspalten in der Auflaufform verteilen. Öl über alle Zutaten verteilen. Thymianzweige darauflegen und für 20 Minuten im Ofen backen.
4. Danach die Temperatur auf 190 °C reduzieren, die Kartoffeln ein wenig wenden und für weitere 45 Minuten garen, bis das Fleisch durch und die Kartoffeln goldbraun gebacken sind.

Linseneintopf

mit Würstchen

Topf | 20 Minuten | 50 Minuten | 4 Portionen

Zutaten

1 Möhre
100 g Knollensellerie
½ Porree
1 Zwiebel
250 g Tellerlinsen (Dose)
150 g geräucherter Speck (oder Schinkenspeck)
1 EL Öl (z. B. Kokosöl)
2 Lorbeerblätter
1,5 l Gemüsebrühe
500 g Kartoffeln
4 Wiener Würstchen
2 EL Weißweinessig
2 TL Zucker
½ TL Salz & 1 Prise Pfeffer

1. Möhre und Knollensellerie schälen und fein würfeln. Porree waschen, abtupfen und in dünne Streifen schneiden. Zwiebel schälen und hacken. Linsen in einem Sieb abspülen.
2. Öl in einem **TOPF** erhitzen. Zwiebel darin glasig dünsten. Möhre, Knollensellerie, Porree, Linsen, Speck (im Ganzen), Lorbeerblätter und Gemüsebrühe dazugeben. Aufkochen lassen und zugedeckt für 25 Minuten leicht köcheln lassen.
3. Währenddessen die Kartoffeln schälen und in kleine Würfel schneiden. Würstchen in Scheiben schneiden.
4. Kartoffeln ebenfalls in den Topf geben und für weitere 20 Minuten kochen. Speck aus der Suppe nehmen, bei Bedarf die Schwarte entfernen und den Speck fein würfelig schneiden. Speckwürfel, Würstchen, Essig, Zucker, Salz und Pfeffer untermischen und nochmals für 3–4 Minuten erhitzen.

PANIERTE HÜHNERSTREIFEN

auf buntem Salat

Backblech | 25 Minuten | 50 Minuten | 4 Portionen

Zutaten

400 g Hühnerbrust ohne Haut
½ TL Salz (oder Kräutersalz)
4 Eier
2 EL Joghurt
6 EL Mehl
200 g Paniermehl
1 EL Öl (z. B. Olivenöl)
200 g grüner Salat (z. B. Kopfsalat)
2 Orangen
200 g Tomaten
4 EL saure Sahne
2 EL Ketchup
4 EL Apfelessig
2 TL Gewürzpaste (siehe Basisrezept Seite 28)
2 EL Öl (z. B. Kokosöl)

1. Backofen auf 200 °C Ober- und Unterhitze (oder 180 °C Umluft) vorheizen.
2. Hühnerbrust waschen, trocken tupfen, in 2 cm große Stücke schneiden und salzen.
3. Die Eier mit dem Joghurt verrühren.
4. Das Hühnchen im Mehl wälzen, durch die Eier ziehen, im Paniermehl wenden und auf einem mit Backpapier ausgelegten **BACKBLECH** verteilen.
5. Die Hühnerstücke mit Öl bestreichen und im Ofen für ca. 20 Minuten backen.
6. Währenddessen den Salat waschen, trocken schleudern und in mundgerechte Stücke zupfen. Orangen schälen und die Spalten in kleine Stücke schneiden. Tomaten waschen, trocken tupfen, den Strunk entfernen und in dünne Spalten schneiden.
7. Saure Sahne mit Ketchup, Apfelessig und Gewürzpaste in eine Schüssel geben und verrühren.
8. Kopfsalat mit Orangen und Tomaten ins Dressing geben und durchmischen.
9. Auf 4 Tellern anrichten und mit den gebackenen und knusprigen Hühnchen belegen.

SLOWAKISCHES HUHN

Omas Spezialrezept

Auflaufform | 20 Minuten | 100 Minuten | 4 Portionen

Zutaten

1 kg Kartoffeln
4 Hühnerkeulen oder
 4 Hühnerbrustfilets
1 TL Salz
2 Prisen Pfeffer
1 TL Paprikapulver
250 ml Sahne

1. Backofen auf 180 °C Ober- und Unterhitze (oder 160 °C Umluft) vorheizen.
2. Kartoffeln schälen und würfelig schneiden. Die Hühnerteile mit kaltem Wasser waschen und abtupfen. Mit ½ TL Salz, 1 Prise Pfeffer und Paprikapulver würzen.
3. Kartoffeln in eine **AUFLAUFFORM** geben, mit ½ TL Salz und 1 Prise Pfeffer würzen und gut vermischen. Eine Hälfte der Sahne über die Kartoffeln gießen. Hühnerteile auf die Kartoffeln legen. Zweite Hälfte der Sahne über alle Zutaten gießen.
4. Mit geschlossenem Deckel für 60 Minuten im Ofen backen. Danach den Deckel entfernen und für ca. 20–30 Minuten im Ofen backen, bis die Hühnerteile knusprig sind.

LACHSFILET IM BLÄTTERTEIG

Backblech | 20 Minuten | 45 Minuten | 4 Portionen

Zutaten

2 Lachsfilets (frisch, à 350 g)
1 TL Salz
2 Prisen Pfeffer
1 Bund Dill
250 g Ricotta
4 EL Parmesan, gerieben
1 Blätterteig (aus dem Kühlregal)
½ EL Zitronensaft
1 Eigelb
8 Kirschtomaten

1. Backofen auf 220 °C Ober- und Unterhitze (oder 200 °C Umluft) vorheizen.
2. Lachsfilets waschen, trocken tupfen und bei Bedarf entgräten. Auf beiden Seiten mit ½ TL Salz und 1 Prise Pfeffer würzen. Dill waschen und fein hacken.
3. Dill, Ricotta, Parmesan, ½ TL Salz und 1 Prise Pfeffer zu einer Creme verrühren.
4. Blätterteig auf einem mit Backpapier belegten **BACKBLECH** aufrollen.
5. Ein Lachsfilet auf den Blätterteig legen, mit Zitronensaft beträufeln und mit der Creme bestreichen. Dann das zweite Stück Lachsfilet darauflegen. Den Blätterteig von allen Seiten über dem Fisch zusammenklappen und die Enden festdrücken. Vorsichtig umdrehen und mittig auf dem Backblech platzieren.
6. Eigelb mit einer Gabel verquirlen und den Blätterteig damit bestreichen.
7. Im Ofen für 25 Minuten goldgelb backen.
8. Tomaten waschen, halbieren und Lachsfilet damit garniert servieren.

GARNELEN-ZITRONEN-SPAGHETTI

Topf | 10 Minuten | 30 Minuten | 4 Portionen

Zutaten

1 Zitrone | 3 Knoblauchzehen | 1 Bund Petersilie | 400 g Garnelen | 3 EL Öl (z. B. Olivenöl) | 2 Prisen Salz | 2 Prisen Pfeffer | 1,5 l Gemüsebrühe | 400 g Spaghetti

1. Zitronen waschen, Schale fein abreiben und 4 EL Saft auspressen. Knoblauch schälen und fein hacken. Petersilie waschen und ebenfalls klein hacken. Garnelen waschen, abtupfen, am Rücken einschneiden und Darm entfernen.
2. Öl in einem großen **TOPF** erhitzen und die Garnelen ca. 1 Minute anbraten. Mit Knoblauch, 1 Prise Salz und 1 Prise Pfeffer würzen. Die Garnelen wenden und auf der anderen Seite ebenfalls anbraten. Danach herausnehmen und zugedeckt beiseite stellen.
3. Die Gemüsebrühe zum Bratensatz gießen und aufkochen lassen. Spaghetti dazugeben und bissfest garen (ca. 5 Minuten oder nach Packungsanweisung).
4. Garnelen, Zitronenabrieb, Zitronensaft und Petersilie dazumischen und noch einmal aufkochen lassen.
5. Mit 1 Prise Salz und 1 Prise Pfeffer abschmecken und heiß servieren.

FISCH-TOMATEN-AUFLAUF

Auflaufform | 10 Minuten | 30 Minuten | 4 Portionen

Zutaten

2 rote Zwiebeln | 1 Möhre | 1 Stange Stangensellerie | 600 g Tomaten | 1 TL Butter | 2 TL Oregano | 2 EL Gewürzpaste (siehe Basisrezept Seite 28) | 2 TL Honig | 560 g Fischfilets ohne Haut (z. B. Barsch) | ½ TL Salz (oder Kräutersalz) | 4–8 Scheiben Brot

1. Zwiebeln schälen und klein hacken. Möhre schälen und in 5 mm kleine Würfel schneiden. Stangensellerie waschen und in dünne Streifen schneiden. Tomaten waschen, trocken tupfen, Strunk entfernen und in kleine Stücke schneiden.
2. Backofen auf 200 °C Ober- und Unterhitze (oder 180 °C Umluft) vorheizen.
3. **AUFLAUFFORM** mit Butter einfetten. Zwiebel, Möhre, Stangensellerie, Tomaten, Oregano, Gewürzpaste und Honig hineingeben und gut vermischen.
4. Fischfilets waschen, trocken tupfen und mit Salz würzen. Auf das Gemüse in der Auflaufform legen und im vorgeheizten Backofen für ca. 12 Minuten garen.
5. Mit Ihrem Lieblingsbrot servieren.

ZUCCHINI-FISCH-RISOTTO

Topf | 20 Minuten | 60 Minuten | 4 Portionen

Zutaten

2 Zwiebeln
6 Knoblauchzehen
1 Sellerie
2 Zucchini
400 g Fischfilets (z. B. Lachs)
6 EL Öl (z. B. Kokosöl)
400 g Risotto-Reis
100 ml Apfelsaft
1 l Gemüsebrühe
½ TL Salz und 1 Prise Pfeffer
4 EL Butter

1. Zwiebeln, Knoblauch und Sellerie schälen und in kleine Stücke schneiden. Zucchini waschen und klein würfeln. Fisch waschen, abtupfen, bei Bedarf entgräten und in kleine Stücke schneiden.
2. Öl in einem **TOPF** erhitzen und das Gemüse darin weich dünsten. Aus dem Topf nehmen und beiseite stellen.
3. Risotto-Reis im Topf glasig andünsten und mit dem Apfelsaft ablöschen. Bei starker Hitze ca. 3 Minuten köcheln lassen. Anschließend bei mittlerer Hitze unter Rühren die Gemüsebrühe langsam eingießen. Mit ½ TL Salz und 1 Prise Pfeffer abschmecken und unter Rühren ca. 15 Minuten bei milder Hitze garen lassen.
4. Wenn der Reis fast gar ist, Zucchini und Fisch dazumischen. Für 5 Minuten ziehen lassen. Danach die Butter unterrühren, damit das Risotto noch cremiger wird.

SCHNELLE THUNFISCH-PASTA

Topf | 15 Minuten | 25 Minuten | 4 Portionen

Zutaten

250 g Kirschtomaten
2 EL Basilikum
2 gelbe Paprikaschoten
2 Dosen Thunfisch (im eigenen Saft)
400 g Nudeln (z. B. Penne)
200 g griechischer Joghurt
150 ml Tomaten, passiert
1 TL Salz
500 ml Gemüsebrühe

1. Tomaten waschen und vierteln. Basilikum waschen und grob hacken. Paprika waschen, entkernen und in feine Streifen schneiden. Thunfisch in einem Sieb abtropfen lassen.
2. Nudeln in einen großen **TOPF** geben. Tomaten, Paprika und Thunfisch darauf verteilen. Joghurt, passierte Tomaten, Basilikum, Salz und Gemüsebrühe dazugeben.
3. Alle Zutaten im Topf aufkochen lassen. Danach die Hitze reduzieren und unter Rühren köcheln lassen, bis die Nudeln bissfest gekocht sind.

SCHNELLE PASTA

mit Mozzarella und lustigem Gemüse

Topf | 10 Minuten | 20 Minuten | 4 Portionen

Zutaten

2 Zwiebeln
4 Knoblauchzehen
1 kg Kirschtomaten
2 EL Öl (z. B. Olivenöl)
500 g Nudeln (z. B. Spirelli)
200 g TK-Erbsen
100 g Mais (Dose)
8 EL Tomatenmark
1 TL Salz
1 Prise Pfeffer
2 EL Balsamicoessig
2 Prisen Zucker
1 l Wasser
2 Packungen Mozzarella (Minikugeln)
für die Dekoration: 8 Gurkenscheiben (optional)
8 Olivenscheiben

1. Zwiebeln und Knoblauch schälen und fein hacken. Tomaten waschen und halbieren.
2. In einem großen **TOPF** Öl erhitzen, Zwiebel und Knoblauch darin anschwitzen.
3. Nudeln, Erbsen, Mais, Tomatenmark, 1 TL Salz, 1 Prise Pfeffer, Essig, Zucker und Wasser zugeben, gut verrühren und 10 Minuten kochen lassen.
4. Tomaten und Mozzarella unterrühren und für weitere 5 Minuten köcheln lassen.

   Optional: Zaubern Sie vor dem Servieren ein lustiges Gesicht auf die Pasta. Kreieren Sie aus Gurken- und Olivenscheiben die Augen und einen Mund aus Mais und Erbsen.

Zucchini-Eintopf mit Tofu

Topf | 20 Minuten | 40 Minuten | 4 Portionen

Zutaten

1 Stange Porree | 2 Zucchini | 200 g Tofu geräuchert | 2 EL Öl (z. B. Kokosöl) | 1 EL Rosmarin, gehackt | 1 EL Mehl | ca. 600 ml Gemüsebrühe | 40 g Cheddar | 4 EL körnigen Frischkäse | ½ TL Salz | 1 Prise Pfeffer

1. Porree waschen und in ca. 2 cm dicke Scheiben schneiden. Zucchini waschen und in ca. 1 cm dicke Scheiben schneiden. Tofu in ca. 3 cm große Würfel schneiden.
2. Öl in einem **TOPF** erhitzen. Rosmarin und Tofu darin braten. Nach 4 Minuten Porree und Zucchini dazugeben und für 10 Minuten unter Rühren anschwitzen.
3. Mehl unter das Gemüse rühren. Nach und nach unter Rühren die Gemüsebrühe dazugießen, bis das Gemüse bedeckt ist. Aufkochen lassen und zugedeckt für 15 Minuten garen.
4. Cheddar reiben. Mit dem Frischkäse in den Topf geben und gut verrühren.
5. Mit Salz und Pfeffer abschmecken.

FLAMMKUCHEN

mit Camembert und Feigen

Backblech	10 Minuten	20 Minuten	2 Portionen

Zutaten

2 Frühlingszwiebeln
2 Feigen
150 g Camembert
5 EL Öl (z. B. Olivenöl)
1 EL Honig
2 EL Zitronensaft
½ TL Salz
1 Prise Pfeffer
1 Packung Flammkuchenteig (aus dem Kühlregal)
100 g Schmand
1 EL Rosmarin, gehackt

1. Backofen auf 230 °C Ober- und Unterhitze vorheizen.
2. Frühlingszwiebeln waschen und in Scheiben schneiden. Feigen waschen und achteln. Camembert in Scheiben schneiden.
3. Öl mit Honig, Zitronensaft, Salz und Pfeffer in einer Schüssel verrühren.
4. Flammkuchenteig auf einem mit Backpapier belegten **BACKBLECH** ausrollen. Den Teig mit Schmand bestreichen. Frühlingszwiebel, Feigen und abschließend den Camembert darauf verteilen.
5. Flammkuchen mit der Ölmischung beträufeln. Rosmarin darüber verteilen.
6. Im Ofen für ca. 15 Minuten backen, bis der Teig goldbraun ist.

ORZO-FETA-TOPF
mit Spinat

Pfanne | 15 Minuten | 40 Minuten | 4 Portionen

Zutaten

1 Zwiebel
4 Knoblauchzehen
250 g Babyspinat
160 g getrocknete Tomaten (in Öl)
1 Zweig Thymian
2 Dosen weiße Bohnen
200 g Feta
4 EL Öl (z. B. Kokosöl)
300 g Orzo-Nudeln (griechische Nudeln in Reisform, auch Kritharaki genannt)
2 EL Tomatenmark
1 l Gemüsebrühe
½ TL Salz
1 Prise Pfeffer

1. Zwiebel und Knoblauch schälen und fein hacken. Spinat waschen und abtupfen. Getrocknete Tomaten abtropfen und in kleine Stücke schneiden. Thymian waschen, trocken tupfen und abzupfen. Weiße Bohnen in einem Sieb abgießen, abwaschen und abtropfen lassen. Feta in kleine Würfel schneiden.
2. Öl in einer **PFANNE** erhitzen. Zwiebel und Knoblauch darin glasig anbraten. Orzo-Nudeln dazugeben und für 1 Minute weiter dünsten lassen.
3. Tomatenmark einrühren. Gemüsebrühe dazugießen und zugedeckt aufkochen lassen. Danach bei kleiner Hitze für 10 Minuten köcheln lassen.
4. Thymian dazumischen und für weitere 7–10 Minuten unter Rühren köcheln lassen, bis die Orzo-Nudeln bissfest ist.
5. Getrocknete Tomaten und weiße Bohnen dazumischen und unter Rühren erhitzen. Spinat einrühren und für 3 Minuten köcheln lassen. Mit Salz und Pfeffer abschmecken.
6. Zum Servieren mit den Feta-Würfeln bestreuen und servieren.

KÄSE-PASTA-TOPF

Topf	15 Minuten	35 Minuten	4 Portionen

Zutaten

400 g Nudeln (z. B. Spaghetti)
3 Knoblauchzehen
1 l Gemüsebrühe
300 ml Apfelsaft
300 g TK-Rahmspinat
200 g Frischkäse
1 TL Thymian, gehackt
1 Prise Muskat
½ TL Salz
1 Prise Pfeffer
4 EL Käse, gerieben (z. B. Gouda)

1. Knoblauch schälen und fein hacken.
2. Nudeln, Knoblauch, Gemüsebrühe und Apfelsaft in einem **TOPF** zugedeckt aufkochen lassen. Danach unter Rühren bei mittlerer Hitze 7 Minuten köcheln lassen.
3. Spinat dazugeben, nochmals aufkochen lassen und für weitere 3 Minuten unter Rühren garen lassen. Frischkäse, Thymian, Muskat, Salz und Pfeffer dazugeben, vermischen und weitere 4 Minuten unter Rühren köcheln lassen, bis die Nudeln gar sind.
4. Mit geriebenem Käse bestreuen und heiß servieren.

SPARGEL-BLÄTTERTEIGTASCHEN

auf Blattsalat

Backblech

15 Minuten

30 Minuten

4 Portionen

Zutaten

24 Stangen grüner Spargel
4 EL Öl (z. B. Olivenöl)
1 TL Salz
2 Prisen Pfeffer
1 Packung Blätterteig (aus dem Kühlregal)
100 g Kräuterpesto
1 EL Sesam
800 g Salatblätter (bunt gemischt)
4 EL Joghurt
2 EL Essig

1. Backofen auf 200 °C Ober- und Unterhitze (oder 180 °C Umluft) vorheizen.
2. Spargel waschen und das untere Drittel schälen sowie die harten unteren Enden abschneiden. Spargel mit 1 EL Öl bestreichen und mit ½ TL Salz und 1 Prise Pfeffer würzen.
3. Blätterteig ausrollen und in 8 gleich große Stücke schneiden. Die Teigstücke auf einem mit Backpapier belegtem **BACKBLECH** verteilen und mit dem Kräuterpesto bestreichen. Auf jedes Teigstück 3 Spargelstangen legen und den Teig einrollen. Den Blätterteig mit 1 EL Öl bepinseln und mit Sesam bestreuen. Für ca. 15 Minuten im Ofen goldbraun backen.
4. Währenddessen Salatblätter waschen. Das Dressing aus Joghurt, ½ TL Salz, 1 Prise Pfeffer, Essig und 2 EL Öl anrühren. Den Salat auf 4 Teller verteilen und mit dem Dressing beträufeln. Den Spargel im Blätterteig darauf anrichten und servieren.

SÜSSKARTOFFEL-KICHERERBSEN-CURRY

Topf | 15 Minuten | 45 Minuten | 4 Portionen

Zutaten

1 Zwiebel
4 Knoblauchzehen
800 g Süßkartoffeln
500 g Tomaten
4 EL Öl (z. B. Kokosöl)
2 TL mildes Currypulver
400 ml Kokosmilch
300 ml Wasser
½ TL Salz
1 Prise Pfeffer
500 g Kichererbsen (Dose)
1 EL Petersilie, gehackt
100 g Joghurt

1. Zwiebel und Knoblauch schälen und fein hacken. Süßkartoffeln schälen und in große Würfel (ca. 2 cm groß) schneiden. Tomaten waschen, Strunk entfernen und würfelig schneiden.
2. Öl in einem **TOPF** erhitzen. Darin die Süßkartoffeln unter Rühren 5 Minuten andünsten. Knoblauch und Zwiebel dazugeben und für 3 Minuten weiter dünsten.
3. Currypulver, Tomaten, Kokosmilch und Wasser in den Topf geben, gut verrühren und aufkochen lassen. Mit Salz und Pfeffer würzen und zugedeckt 7 Minuten leicht köcheln lassen. Ab und zu umrühren. Danach die Kichererbsen dazugeben und für ca. 6 Minuten weiter garen lassen.
4. Mit frischer Petersilie und Joghurt als Dip servieren.

Gebackener

TORTELLINI-PASTINAKEN-AUFLAUF

Auflaufform | 20 Minuten | 50 Minuten | 4 Portionen

Zutaten

400 g Pastinaken
1 Zwiebel
2 Knoblauchzehen
250 g Sahne
300 ml Milch
ca. 200 ml Wasser
½ TL Salz
1 Prise Pfeffer
1 TL Butter
700 g Käse-Tortellini (aus dem Kühlregal)
120 g Käse (z. B. Gouda)
5 EL Petersilie
4 EL Paniermehl

1. Backofen auf 180 °C Ober- und Unterhitze (oder 160 °C Umluft) vorheizen.
2. Pastinaken, Zwiebel und Knoblauch schälen. Alles grob würfelig schneiden und in eine Schüssel geben. Sahne, Milch, Wasser, Salz und Pfeffer dazugießen und fein pürieren.
3. **AUFLAUFFORM** mit Butter einfetten und Tortellini darin verteilen. Pastinaken-Mischung über den Tortellini verteilen und im Ofen für 15 Minuten backen.
4. Währenddessen den Käse reiben. Petersilie waschen, abtupfen und fein hacken. Käse, Petersilie und Paniermehl in einer Schüssel vermischen.
5. Käsemischung auf den Tortellini verteilen und für weitere 10–15 Minuten goldbraun backen.

VEGETARISCHES CHILI

Topf | 10 Minuten | 30 Minuten | 4 Portionen

Zutaten

1 Zwiebel
4 Knoblauchzehen
2 Paprikaschoten
150 g Mais (Glas)
200 g Kidneybohnen (Dose)
400 g Linsen (Dose)
3 EL Öl (z. B. Kokosöl)
3 EL Tomatenmark
50 ml Wasser
400 g gehackte Tomaten (Dose)
1 TL Salz
½ TL Cayennepfeffer
½ TL Paprikapulver
1 TL Sojasoße
1 Prise scharfes Chilipulver (optional)
4 EL Feldsalat
2 Jalapeños (optional)
1 TL Limettensaft)

1. Zwiebel und Knoblauch schälen und fein hacken. Paprika waschen, entkernen und in kleine Stücke schneiden. Mais, Kidneybohnen und Linsen in einem Sieb mit fließendem Wasser abschwemmen und abtropfen lassen.
2. Öl in einem **TOPF** erhitzen. Zwiebel, Knoblauch und Paprika darin andünsten. Tomatenmark einrühren und mit Wasser ablöschen.
3. Gehackte Tomaten, Paprika, Mais, Linsen, Bohnen, Salz, Cayennepfeffer, Paprikapulver, Sojasoße und optional Chilipulver dazugeben und gut vermischen. Unter Rühren für 15 Minuten köcheln lassen.
4. Feldsalat putzen und waschen. Optional: Jalapeños waschen und in Scheiben schneiden.
5. Chili auf 4 Tellern anrichten. Mit Limettensaft beträufeln und mit Salat und optional mit Jalapeñoscheiben garnieren.

Zucchini-Gratin

mit Tomaten und Maisgrieß

Auflaufform | 15 Minuten | 30 Minuten | 4 Portionen

Zutaten

2 Knoblauchzehen
100 g Hartkäse (z. B. Emmentaler)
500 g Tomaten
1 gelbe und 1 grüne Zucchini
900 ml heißes Wasser
200 g Maisgrieß
1 TL Salz
8 EL Öl (z. B. Olivenöl)
1 EL Rosmarin, gehackt
1 Prise Pfeffer

1. Backofen auf 180 °C Ober- und Unterhitze (oder 160 °C Umluft) vorheizen.
2. Knoblauch schälen und fein hacken. Käse reiben. Tomaten waschen, trocken tupfen und Strunk entfernen. Zucchini waschen. Tomaten und Zucchini in dünne Scheiben (ca. 3 mm dick) schneiden.
3. In einer **AUFLAUFFORM** das heiße Wasser, Maisgrieß, Knoblauch, ½ TL Salz und 3 EL Öl verrühren. Diese Mischung für 5 Minuten in den Ofen geben. Danach gut verrühren und weitere 5 Minuten in den Ofen stellen.
4. 5 EL Öl und Rosmarin in einer Schüssel vermischen.
5. Maisgrieß aus dem Ofen nehmen. Eine Hälfte vom Käse unterrühren, glatt streichen und die Auflaufform beiseite stellen.
6. Tomaten und Zucchini abwechselnd auf den Maisgrieß schichten. Mit der Rosmarin-Öl-Mischung bestreichen. Würzen mit ½ TL Salz und 1 Prise Pfeffer. Mit dem restlichen Käse bestreuen. Im Ofen für ca. 20 Minuten goldbraun backen.

BUNTER BULGUR-SALAT

mit Granatapfel und veganem Feta

Topf | 15 Minuten | 25 Minuten | 4 Portionen

Zutaten

1 Tasse Bulgur
2 Tassen Wasser
2 Frühlingszwiebeln
1 Gurke
250 g gelbe Kirschtomaten
150 g veganer Feta
1 Avocado
3 EL Granatapfelkerne
2 EL Zitronensaft
2 EL Petersilie, gehackt
1 EL Minzblätter, gehackt
½ TL Salz
1 Prise Pfeffer

1. Bulgur und Wasser in einen **TOPF** geben und zum Kochen bringen. Hitze reduzieren und ca. 8 Minuten leicht köcheln lassen, bis das Wasser vollständig aufgenommen wurde. Vom Herd nehmen und abkühlen lassen.
2. Frühlingszwiebeln waschen und klein schneiden. Gurke waschen, in dünne Scheiben schneiden und diese vierteln. Kirschtomaten halbieren. Veganen Feta zerbröseln. Alles in den Topf mit dem Bulgur geben und gut vermischen.
3. Avocado schälen und entkernen. Eine Hälfte in kleine Würfel schneiden und ebenfalls in den Topf geben. Die zweite Hälfte in Scheiben schneiden für die Dekoration.
4. Granatapfelkerne, Zitronensaft, Petersilie, Minze, Salz und Pfeffer einrühren.
5. In Teller füllen und mit den Avocadoscheiben dekoriert servieren.

MAC AND CHEESE

mit Mandel

Topf | 10 Minuten | 20 Minuten | 4 Portionen

Zutaten

300 g vegane Nudeln (z. B. Hörnchen)
1 TL Salz
200 ml Mandeldrink
100 g vegane Reibekäse-Alternative
3 EL weißes Mandelmus
2 EL Hefeflocken
½ TL Kurkuma
1 Prise Pfeffer
2 EL Schnittlauchringe
1 EL vegane Parmesan-Alternative, gerieben

1. Nudeln in einem **TOPF** mit Wasser und ½ TL Salz bissfest kochen (nach Packungsanweisung). Danach in einem Sieb abgießen und wieder zurück in den Topf leeren.
2. Mandeldrink, Reibekäse, Mandelmus, Hefeflocken, Kurkuma, ½ TL Salz und Pfeffer dazugeben und gut vermischen. Unter Rühren bei geringer Hitze kochen, bis der Käse geschmolzen ist.
3. Mit Schnittlauch und Parmesan bestreut servieren.

SHAKSHUKA

mit Spinat und Kichererbsen

Pfanne | 15 Minuten | 30 Minuten | 4 Portionen

Zutaten

800 g Tomaten
1 rote Paprikaschote
1 Zwiebel
1 Knoblauchzehe
6 EL Öl (z. B. Olivenöl)
3 EL Tomatenmark
1 TL Gewürzpaste (siehe Basisrezept Seite 28)
2 TL Paprikapulver
200 g TK-Babyspinat, aufgetaut
200 g Kichererbsen (Dose)
½ TL Salz
1 Prise Pfeffer
4–8 Scheiben Brot

1. Tomaten waschen, Strunk entfernen und kurz pürieren.
2. Paprika waschen, entkernen und in kleine Würfel schneiden. Zwiebel und Knoblauch schälen und fein hacken.
3. Öl in einer **PFANNE** erhitzen. Zwiebel und Knoblauch darin glasig dünsten. Paprika dazugeben und unter Rühren kurz mit braten lassen.
4. Pürierte Tomaten, Tomatenmark, Gewürzpaste, Paprikapulver, Spinat und Kichererbsen dazumischen. Mit Salz und Pfeffer würzen und gut verrühren. Ca. 15 Minuten köcheln lassen, bis die Paprika fast gar ist.
5. Mit Ihrem Lieblingsbrot als Beilage servieren.

Veganes Kartoffel-Zucchini-Gratin

Auflaufform | 25 Minuten | 90 Minuten | 4 Portionen

Zutaten

800 g Kartoffeln
400 g Zucchini
1 Zwiebel
2 EL Margarine
250 g vegane Reibekäse-Alternative
4 Prisen Salz (oder Kräutersalz)
250 ml Haferdrink
200 g Hafercreme
1 Prise Muskat
1 Prise Pfeffer

1. Kartoffeln schälen und in ca. 2 mm dicke Scheiben schneiden. Zucchini waschen, abtupfen und in ca. 4 mm dicke Scheiben schneiden. Zwiebel schälen und fein würfeln.
2. Backofen auf 200 °C Ober- und Unterhitze vorheizen.
3. **AUFLAUFFORM** mit Margarine einfetten. Schichtweise die Kartoffelscheiben, Zucchinischeiben, Zwiebelwürfel und Käse in die Form geben. Jede Lage Zucchini mit 1 Prise Salz würzen. Etwas Käse übrig behalten. Beim Einschichten mit Kartoffelscheiben beginnen und auch enden. Die letzte Schicht Kartoffelscheiben noch einmal mit Salz würzen und den übrig behaltenen Käse darüberstreuen.
4. Haferdrink, Hafercreme, Muskat, 1 Prise Salz und 1 Prise Pfeffer in einer Schüssel vermengen und gleichmäßig über dem Gratin verteilen.
5. Die Auflaufform zugedeckt in den Ofen schieben und 60 Minuten lang backen. Danach die Abdeckung entfernen und für weitere 10 Minuten backen, bis der Käse goldbraun ist.
6. Das Gratin für 5 Minuten ziehen lassen. Dann erst in Stücke teilen und servieren.

REISPFANNE À LA PAELLA

Pfanne | 20 Minuten | 50 Minuten | 4 Portionen

Zutaten

1 Zwiebel
1 Knoblauchzehe
1 rote Paprikaschote
150 g vegane Bratwurst
4 EL Öl (z. B. Kokosöl)
200 g Erbsen
2 TL Paprikapulver
½ TL Salz
1 Prise Pfeffer
200 g Reis (Basmati oder Rundkorn)
600 ml Gemüsebrühe
1 EL Petersilie, gehackt

1. Zwiebel und Knoblauch schälen und fein hacken. Paprika waschen, entkernen und klein würfeln. Vegane Bratwurst in Scheiben schneiden.
2. Öl in der **PFANNE** erhitzen. Zwiebel und Knoblauch darin glasig dünsten. Paprika, Bratwurst, Erbsen, Paprikapulver, Salz und Pfeffer dazumischen und ca. 7 Minuten mit anbraten.
3. Reis in die Pfanne geben und kurz mitbraten. Mit der Gemüsebrühe aufgießen und aufkochen lassen. Ca. 30 Minuten bei mittlerer Hitze köcheln lassen.
4. Mit frischer Petersilie bestreuen und servieren.

KOKOS-KICHERERBSEN-EINTOPF

Topf | 15 Minuten | 15 Minuten | 4 Portionen

Zutaten

1 Zwiebel
2 Knoblauchzehen
2 TL Öl (z. B. Kokosöl)
1 TL mildes Currypulver
1 Prise gemahlene Fenchelsamen
1 Prise gemahlener Kreuzkümmel
400 g stückige Tomaten
200 ml Kokosmilch
500 g Kichererbsen (Dose)
2 TL Gewürzpaste (siehe Basisrezept Seite 28)
100 g frischer Blattspinat

1. Zwiebel und Knoblauch schälen und klein hacken.
2. Öl in einem **TOPF** erhitzen. Zwiebel und Knoblauch darin anschwitzen. Currypulver, Fenchelsamen und Kreuzkümmel kurz mitbraten.
3. Mit den Tomaten und der Kokosmilch auffüllen. Kichererbsen und Gewürzpaste einrühren. Bei mittlerer Hitze für 8 Minuten köcheln lassen.
4. Blattspinat waschen, trocken tupfen und grob hacken. 1 Minute vor dem Anrichten den frischen Spinat untermischen.

VEGANE PASTA ASCIUTTA

Topf | 10 Minuten | 35 Minuten | 4 Portionen

Zutaten

1 Zwiebel und 2 Knoblauchzehen
8 Salatblätter
2 EL Öl (z. B. Kokosöl)
200 g vegane Hack-Alternative (aus dem Kühlregal)
600 g passierte Tomaten
650 ml Gemüsebrühe
2 EL vegane Saure-Sahne-Alternative
4 EL Tomatenmark
1 TL Salz
2 Prisen Pfeffer
300 g vegane Spaghetti
150 g Mais (Glas)
150 g Erbsen

1. Zwiebel und Knoblauch schälen und fein hacken. Salatblätter waschen und trocken tupfen (oder schleudern).
2. Öl in einem **TOPF** erhitzen. Zwiebel und Knoblauch darin glasig dünsten. Hack-Alternative dazugeben und unter Rühren ca. 3 Minuten mit anbraten.
3. Tomaten, Gemüsebrühe, vegane saure Sahne, Tomatenmark, ½ TL Salz und 1 Prise Pfeffer dazumischen. Aufkochen lassen und danach 5–8 Minuten leicht köcheln lassen.
4. Spaghetti in den Topf geben und für ca. 15 Minuten weiter köcheln lassen, bis die Nudeln bissfest sind.
5. Mais und Erbsen dazugeben und für ca. 3 Minuten köcheln lassen.
6. Mit ½ TL Salz und 1 Prise Pfeffer abschmecken. Mit Salatblättern garnieren und servieren.

VEGANE SPAGHETTI CARBONARA

Topf | 10 Minuten | 30 Minuten | 4 Portionen

Zutaten

1 Zwiebel
2 Knoblauchzehen
200 g Räuchertofu
6 EL Öl (z. B. Kokosöl)
900 ml Gemüsebrühe
800 g vegane Spaghetti
60 g vegane Parmesan-Alternative, gerieben
400 g Pflanzencreme
4 EL Cashewmus
4 EL Hefeflocken
½ TL Salz
1 Prise Pfeffer

1. Zwiebel und Knoblauch schälen und fein hacken. Tofu in kleine Würfel schneiden.
2. Öl in einem **TOPF** erhitzen. Zwiebel und Knoblauch darin glasig dünsten. Tofu dazugeben und ebenfalls gut anbraten.
3. Mit der Gemüsebrühe aufgießen und aufkochen lassen.
4. Spaghetti in den Topf geben und für ca. 10 Minuten köcheln lassen.
5. Die Hälfte vom Parmesan, Pflanzencreme, Cashewmus, Hefeflocken, Salz und Pfeffer dazugeben und gut verrühren. Nochmals aufkochen lassen und bei mittlerer Hitze für ca. 5 Minuten köcheln lassen, bis die Nudeln bissfest sind.
6. Mit dem restlichen Parmesan bestreut servieren.

GEMÜSE IM TEIGMANTEL

Pfanne | 20 Minuten | 20 Minuten | 4 Portionen

Zutaten

200 g rote Paprikaschoten
200 g grüner Spargel
200 g Brokkoli
200 g Zucchini
ca. 200 ml Öl (z. B. Kokosöl)
300 g Tempura-Mehl
2 EL Hefeflocken
400 ml eiskaltes Wasser
200 g veganer Joghurt
½ TL Salz (oder Kräutersalz)
2 EL Petersilie, gehackt
1 EL Schnittlauchringe

1. Paprika waschen, entkernen und in Spalten schneiden. Das untere Drittel des Spargels schälen und die harten Enden wegschneiden. Den Brokkoli in Röschen schneiden. Zucchini waschen und in dünne Scheiben schneiden.
2. Öl in einer **PFANNE** (oder in der Fritteuse auf 170 °C) erhitzen.
3. Tempura-Mehl, Hefeflocken und Wasser in eine Schüssel geben und gut verrühren.
4. Das Gemüse durch den Teig ziehen und im Öl für ca. 3 Minuten goldgelb frittieren.
5. Auf Küchenpapier abtropfen lassen.
6. Veganen Joghurt, Salz, Petersilie und Schnittlauch verrühren und als Dip dazu servieren.

Cremiges Gemüse

Topf | 15 Minuten | 20 Minuten | 4 Portionen

Zutaten

200 g Schwarzwurzeln (frisch, aufgetaut oder aus dem Glas) | 200 g Brokkoli | 200 g Romanesco (alternativ weißer Blumenkohl) | 200 g Erbsen | 300 ml Gemüsebrühe | 300 ml Hafersahne | 1 Prise gemahlener Kreuzkümmel | 1 Prise gemahlene Fenchelsamen | ½ TL Salz (oder Kräutersalz) | 2 TL Mehl | 4 EL Wasser

1. Schwarzwurzeln (bei Bedarf putzen und schälen) in 3 cm dicke Stücke schneiden. Brokkoli und Romanesco waschen und in mundgerechte Röschen schneiden.
2. Schwarzwurzeln, Erbsen, Brokkoli, Romanesco, Gemüsebrühe, Hafersahne, Kreuzkümmel, Fenchelsamen und Salz in einen **TOPF** geben. Langsam erhitzen und bei mittlerer Hitze für 8 Minuten garen lassen.
3. Mehl mit Wasser verrühren. In den Topf gießen und das Gemüse damit abbinden. Kurz köcheln lassen und anrichten.

Kaiserschmarrn

mit Sauerkirschen

Pfanne | 10 Minuten | 20 Minuten | 3 Portionen

Zutaten

200 g Mehl
30 g Zucker
1 Prise Salz
4 Eier (Eigelb und Eiweiß getrennt)
300 ml Milch
4 EL Butter
30 g Rosinen
1 Prise Puderzucker
4 EL Sauerkirschkonfitüre

1. Mehl, Zucker, Salz, Eigelb und Milch in eine Schüssel geben und zu einem glatten, dickflüssigen Teig verrühren.
2. Eiweiß in einer zweiten Schüssel zu einem steifen Schnee schlagen und danach unter den dickflüssigen Teig heben.
3. Backofen auf 190 °C Ober- und Unterhitze (oder 170 °C Umluft) vorheizen.
4. Butter in einer große flachen **PFANNE** aufschäumen lassen. Teig in die Pfanne gießen und auf beiden Seiten anbacken.
5. Pfanne in den Ofen stellen und den Teig für ca. 10 Minuten goldbraun backen.
6. Fertigen Teig aus dem Ofen nehmen und mit zwei Kochlöffeln in ca. 2 cm große Stücke zerreißen.
7. Rosinen dazumischen und die Pfanne nochmals für 1 Minute in den Ofen stellen.
8. Auf 4 Tellern anrichten, mit Puderzucker bestreuen und mit Sauerkirschkonfitüre servieren.

HEIDELBEER-PFIRSICH-COBBLER

Pfanne | 20 Minuten | 60 Minuten | 6 Portionen

Zutaten

1 Dose Pfirsiche
300 g frische oder TK-Heidelbeeren
3 EL brauner Zucker
1 Prise Zimt
1 EL Maisstärke
110 g Butter (Zimmertemperatur)
80 g weißer Zucker
1 Packung Vanillezucker
1 Ei
85 g Mehl
1 Prise Salz
¼ TL Backpulver

1. Backofen auf 190 °C Ober- und Unterhitze (oder 170 °C Umluft) vorheizen.
2. Pfirsiche aus der Dose nehmen, abtropfen (die Flüssigkeit aufbewahren) und in kleine Stücke schneiden.
3. Pfirsichstücke, Heidelbeeren, braunen Zucker und Zimt in einer Schüssel vermischen.
4. Pfirsichsaft aus der Dose mit der Maisstärke verrühren und mit den Früchten in einer (am besten gusseisernen) **PFANNE** gut vermengen.
5. Butter, weißen Zucker und Vanillezucker in einer Schüssel schaumig rühren. Ei unterrühren. Mehl, Salz und Backpulver vermischen und in die Masse einrühren.
6. Den Teig löffelweise über den Früchten in der Pfanne verteilen.
7. Im Ofen für ca. 35–40 Minuten goldbraun backen.
8. Ein wenig auskühlen lassen und warm servieren.

Schupfnudeln mit Mohn

Topf | 25 Minuten | 50 Minuten | 4 Portionen

Zutaten

1 Zitrone
250 g Quark
4 TL Butter
2 Packungen Vanillezucker
2 Eier
2 Prisen Salz
100 g Weizengrieß
80 g glattes Mehl
1 l Wasser
60 g Mohn
60 g Zucker
1 TL Puderzucker

1. Zitrone waschen und 1 EL fein reiben.
2. Quark, 2 TL Butter, Vanillezucker, Zitronenabrieb, Eier und 1 Prise Salz in einer Schüssel glatt rühren. Grieß und Mehl gut untermischen. Teig für 15 Minuten im Kühlschrank kalt stellen.
3. In einem großen Topf Wasser mit 1 Prise Salz aufkochen. Währenddessen den Teig auf einer bemehlten Arbeitsfläche zu einer daumendicken Stange ausrollen und in 1,5 cm dicke Scheiben schneiden. Jedes Stück zu einer Nudel rollen.
4. Nudeln ins kochende Wasser legen und dann bei schwacher Hitze 7 Minuten kochen lassen.
5. Wasser abseihen. Restliche Butter untermischen, bis sie geschmolzen ist. Mohn und Zucker vorsichtig unterheben.
6. Mit Puderzucker bestreuen und servieren.

Einfache Pfannkuchen

Pfanne | 20 Minuten | 30 Minuten | 4 Portionen

Zutaten

260 ml Milch
4 Eier
6 EL Mehl
1 Prise Salz
4 EL frische Beeren
4 TL Öl (z. B. Kokosöl)
4 EL Aprikosenkonfitüre
1 TL Puderzucker

1. Milch, Eier, Mehl und Salz in einer Schüssel gut verrühren. Den Teig für 10 Minuten rasten lassen.
2. Beeren waschen und trocken tupfen.
3. Öl in einer Pfanne erhitzen und darin aus dem Teig 4 Pfannkuchen backen.
4. Mit Aprikosenkonfitüre bestreichen und einrollen. Mit Beeren und Puderzucker bestreuen und servieren.

CREMIGER MILCHREIS

nach Omas Rezept

Topf | 10 Minuten | 30 Minuten | 4 Portionen

Zutaten

1 Vanilleschote
1 l Milch
1 Prise Salz
1 EL Zucker
250 g Rundkornreis
4 EL Heidelbeeren
1 Banane
1 EL Honig
4 Prisen Zimt

1. Vanilleschote der Länge nach aufschneiden und das Mark auskratzen. Vanillemark, Milch, Salz und Zucker in einen **TOPF** geben und kurz aufkochen lassen.
2. Den Reis dazugeben und nochmals aufkochen lassen.
3. Bei niedriger Hitze und halb aufgelegtem Deckel für ca. 20 Minuten garen lassen, bis der Reis weich ist. Gelegentlich umrühren, damit nichts anbrennt.
4. Heidelbeeren waschen und trocken tupfen. Banane schälen und in Scheiben schneiden.
5. Mit Bananen und Heidelbeeren garnieren. Mit Honig beträufeln und mit Zimt bestreuen.

APFELTARTE

runde Backform | 20 Minuten | 60 Minuten | 6 Portionen

Zutaten

4 Äpfel
190 g Butter
200 g Mehl
1 Packung Backpulver
1 Eigelb
1 EL saure Sahne
4 EL Zucker
4 EL Aprikosenkonfitüre

1. Äpfel schälen und in dünne Scheiben schneiden. **RUNDE BACKFORM** mit ca. 15 g Butter einfetten.
2. Backofen auf 175 °C Ober- und Unterhitze (oder 155 °C Umluft) vorheizen.
3. Mehl und Backpulver auf der Arbeitsfläche vermengen. Eine Mulde formen. Restliche Butter in Stücke schneiden und mit Eigelb, saurer Sahne und Zucker hineingeben. Zu einem festen Teig verkneten.
4. Teig in die eingefettete Backform geben, verteilen und am Rand hochziehen. Die Apfelscheiben von außen nach innen verteilen.
5. Die Apfeltarte im Ofen für 30 Minuten backen.
6. Den noch warmen Kuchen mit der Aprikosenkonfitüre bestreichen und servieren.

SELBST GEMACHTER VANILLEPUDDING

auf Himbeeren

Topf | 15 Minuten | 30 Minuten | 4 Portionen

Zutaten

1 Vanilleschote
500 ml Milch
35 g Puderzucker
3 Eigelb
30 g Speisestärke
200 g TK-Himbeeren
4 Physalis (optional)

1. Vanilleschote längs aufschneiden, Mark herauskratzen und mit der Milch in einem **TOPF** aufkochen.
2. In einer Schüssel Puderzucker und Eigelb für 3–4 Minuten mit einem Rührgerät zu einer dicken Masse aufschlagen, bis die Eier fast hellgelb sind. Danach die Speisestärke unterrühren.
3. Die Masse unter ständigem Rühren mit einem Schneebesen in die Milch einrühren und nochmals aufkochen lassen.
4. Tiefgekühlte Himbeeren in 4 Dessertgläser aufteilen. Vanillepudding darübergießen und mindestens 15 Minuten auskühlen lassen.

   Optional: Schneiden Sie die gewaschenen Physalis ein und stecken diese auf die Dessertgläser – eine leckere essbare Dekoration.

QUARKSTRUDEL IM BLÄTTERTEIG

Backblech | 20 Minuten | 60 Minuten | 8 Portionen

Zutaten

1 Packung Blätterteig (aus dem Kühlregal)
3 Eier
1 Prise Salz
500 g Quark (fein)
2 EL Rum
50 g Butter
1 Packung Vanillezucker
1 TL Zitronenschale, gerieben
100 g Puderzucker
1 Packung Vanillepuddingpulver
4 EL Paniermehl
200 ml Schlagsahne

1. Backofen auf 180 °C Ober- und Unterhitze (oder 160 °C Umluft) vorheizen. Den Blätterteig auf einem mit Backpapier ausgelegten **BACKBLECH** ausrollen.
2. 2 Eier trennen. Eiweiß mit 1 Prise Salz in einer Schüssel zu einem steifen Schnee schlagen. Eigelb, Quark, Rum, Butter, Vanillezucker, Zitronenabrieb, Puderzucker und Vanillepuddingpulver in einer zweiten Schüssel zu einer cremigen Masse verrühren. Eischnee unterheben und Paniermehl hinzufügen.
3. Die Masse auf dem Blätterteig verstreichen, den Teig einrollen und die Enden festdrücken. 1 Ei mit einer Gabel verquirlen und damit den Strudel bestreichen. In 40 Minuten goldbraun backen.
4. Quarkstrudel auskühlen lassen. Sahne mit einem Schneebesen in einer Schüssel steif schlagen und gemeinsam mit dem Quarkstrudel servieren.

SCHNELLE SCHOKO-MOUSSE

Topf | 15 Minuten | 20 Minuten | 4 Portionen

Zutaten

125 g dunkle Schokolade
Wasser
200 ml Sahne
2 Packungen Vanillezucker
1 Prise gemahlener Zimt
4 EL Schokoraspel

1. Die dunkle Schokolade in kleine Stücke hacken oder schneiden. Einen großen Topf etwa zu ¾ mit Wasser füllen und zum Kochen bringen. Dann eine kleinere Schüssel (aus Metall oder Glas) in den **TOPF** hängen, sodass nur der kochende Dampf mit der Schüssel in Berührung kommt. Schokolade in die Schüssel geben und unter Rühren schmelzen lassen.
2. Sahne mit Vanillezucker und Zimt in einer Schüssel mit einem Schneebesen steif schlagen. Eine Hälfte davon gut in der Schokolade verrühren. Die andere Hälfte vorsichtig unterheben.
3. In 4 Gläser oder Schalen füllen und für 3 Stunden im Kühlschrank kaltstellen.
4. Zum Anrichten mit den Schokoraspeln garnieren.

TIROLER NUSSKUCHEN

Gugelhupfform | 20 Minuten | 80 Minuten | 8 Portionen

Zutaten

6 Eier
210 g Butter
250 g Zucker
1 Prise Salz
1 Prise Zimt
125 g Mehl
250 g Nüsse, gerieben
1 TL Backpulver
200 g Schokolade, geraspelt
1 TL Puderzucker

1. Backofen auf 180 °C Ober- und Unterhitze (oder 160 °C Umluft) vorheizen.
2. Eier trennen. 200 g Butter, Zucker und Eigelb in einer Schüssel schaumig rühren. Salz, Zimt, Mehl, Nüsse und Backpulver dazumischen. In einer zweiten Schüssel das Eiweiß steif schlagen und unter die Masse heben. Geraspelte Schokolade einrühren.
3. **GUGELHUPFFORM** mit ca. 10 g Butter einfetten. Die Masse einfüllen und für ca. 60 Minuten im Ofen backen.
4. Kuchen auskühlen lassen und zum Servieren mit Puderzucker bestreuen.

MANGOPUDDING

Topf | 15 Minuten | 75 Minuten | 4 Portionen

Zutaten

1 Mango (ca. 300 g)
100 ml Kokosmilch
400 ml Milch
4 EL Vanillepuddingpulver
4 EL Honig

1. Mango schälen. Eine Hälfte der Mango mit der Kokosmilch in einem Mixer fein pürieren. Die restliche Mango in 1 cm große Stücke schneiden.
2. 100 ml Milch mit dem Vanillepuddingpulver in einer kleinen Schale zu einer glatten Puddingmilch verrühren.
3. 300 ml Milch mit dem Mangopüree und dem Honig in einen **TOPF** geben und erhitzen. Die Puddingmilch einrühren und unter ständigem Rühren für 3 Minuten kochen lassen.
4. Vom Herd nehmen und die Mangowürfel einrühren.
5. In 4 Schälchen füllen und für ca. 1 Stunde auskühlen lassen.

Bratapfel mit Vanilleeis

Auflaufform	10 Minuten	35 Minuten	4 Portionen

Zutaten

4 rotbackige Äpfel
50 g Haselnusskrokant
2 EL Joghurt
2 EL Apfelmus
2 EL geriebene Haselnüsse
50 g Zucker
1 TL Butter
4 Kugeln Vanilleeis

1. Backofen auf 200 °C Ober- und Unterhitze (oder 180 °C Umluft) vorheizen.
2. Die Äpfel waschen und trocken tupfen. Das Kerngehäuse mit einem Ausstecher oder einem kleinen Messer vorsichtig entfernen.
3. Haselnusskrokant, Joghurt, Apfelmus, geriebene Haselnüsse und Zucker für die Füllung in einer Schüssel verrühren. Mit einem Teelöffel die Füllung in die Äpfel geben.
4. Mit der Butter eine **AUFLAUFFORM** einfetten. Die Äpfel hineinstellen und für 20–25 Minuten im Ofen braten.
5. Jeweils mit einer Kugel Vanilleeis servieren.

RIESENSCHOKOKEKS

Pfanne | 15 Minuten | 35 Minuten | 6 Portionen

Zutaten

120 g Butter
180 g Zucker
1 Ei
180 g Mehl
½ TL Natron
1 Prise Salz
70 g Schokolade, gehackt (oder Schokodrops)
40 g Walnüsse, gehackt

1. Backofen auf 175 °C Ober- und Unterhitze (oder 155 °C Umluft) vorheizen.
2. Die Butter in einer ofenfesten **PFANNE** erhitzen. Zucker einrühren. Pfanne beiseite stellen und leicht abkühlen lassen.
3. Ei gut einrühren. Mehl, Natron und Salz dazugeben und vorsichtig vermischen.
4. Schokolade und Walnüsse unterheben und auch darüberstreuen (leicht eindrücken).
5. Den Teig in der Pfanne für 20–30 Minuten im Ofen backen, bis der Cookie leicht gebräunt ist. Danach auskühlen lassen.

ABENDESSEN

Wenn der Tag langsam zu Ende geht, wollen wir uns im Kreis der Familie entspannen und den Feierabend genießen. Unsere One-Pot-Superstars (Pfanne, Topf, Auflaufform und Backblech) helfen uns dabei, ein leckeres und entspanntes One-Pot-Abendessen zu zaubern.

Mit nur wenigen Handgriffen können Sie ein herzhaftes Gericht oder etwas Leichtes auf den Tisch zaubern. Ihre Koch-Superkräfte werden Sie vor der Familie glänzen lassen!

BUBBLE-UP-PIZZA

mit Salami

Auflaufform | 10 Minuten | 25 Minuten | 4 Portionen

Zutaten

1 EL Öl (z. B. Rapsöl)
1 Packung Aufbackteig (für 8 Brötchen)
400 g stückige Tomaten (Dose)
½ TL Salz
1 Prise Pfeffer
1 TL getrockneter Oregano
½ TL Paprikapulver
150 g Käse, gerieben
100 g Salamischeiben

1. Backofen auf 175 °C Ober- und Unterhitze (oder 160 °C Umluft) vorheizen.
2. **AUFLAUFFORM** mit Öl einfetten und mit dem Aufbackteig auslegen.
3. Stückige Tomaten (samt Flüssigkeit) mit Salz, Pfeffer, Oregano und Paprikapulver in einer Schüssel vermischen. Mischung gleichmäßig auf dem Teig verteilen.
4. Mit Käse bestreuen und mit Salami belegen. Für ca. 20–25 Minuten im Ofen goldbraun backen. Durch die Verwendung von Brötchen zum Aufbacken wird die Pizza besonders fluffig.

REIS MIT HÜHNERFILET

und Brokkoli

Topf | 10 Minuten | 25 Minuten | 4 Portionen

Zutaten

1 Zwiebel
2 Knoblauchzehen
400 g Hühnerfilet
500 g Brokkoli
200 g grüne Bohnen
3 EL Öl (z. B. Kokosöl)
½ TL Salz
1 Prise Pfeffer
200 g Minuten-Reis
100 ml Apfelsaft
½ l Wasser
2 TL Gewürzpaste (siehe Basisrezept Seite 28)
2 EL Basilikum, gehackt
4 EL Parmesan, gerieben

1. Zwiebel und Knoblauch schälen und fein hacken. Hühnerfleisch kalt waschen, abtupfen und in kleine Würfel schneiden. Brokkoli in kleine Röschen schneiden und waschen. Grüne Bohnen waschen und in mundgerechte Stücke schneiden.
2. Öl in einem **TOPF** erhitzen. Fleisch darin 4–5 Minuten anbraten. Mit Salz und Pfeffer würzen und herausnehmen.
3. Zwiebel, Knoblauch und Reis in den Topf geben und kurz anbraten. Mit Apfelsaft und Wasser ablöschen. Gewürzpaste einrühren und aufkochen lassen. Brokkoli und grüne Bohnen dazumischen und für 5 Minuten leicht köcheln lassen.
4. Hühnerfleisch dazugeben und nochmals für 5 Minuten weiter köcheln lassen.
5. Mit Basilikum und Parmesan bestreuen und servieren.

TORTELLONI-AUFLAUF
vom Blech

Backblech | 15 Minuten | 40 Minuten | 4 Portionen

Zutaten

350 g Putenbrustfilet | 50 g geräucherter Speck | 300 g Champignons | 1 rote Paprikaschote | 4 Eier | 200 ml Milch | 1 TL Salz | 3 Prisen Pfeffer | 1 EL Schnittlauchringe | 4 EL Öl (z. B. Kokosöl) | 100 g TK-Erbsen | 1 Packung Tortelloni mit Käsefüllung (aus dem Kühlregal) | 120 g Hartkäse, gerieben (z. B. Gouda)

1. Backofen auf 220 °C Ober- und Unterhitze (oder 200 °C Umluft) vorheizen.
2. Putenfilet kalt waschen, trocken tupfen und in kleine Würfel schneiden. Speck würfelig schneiden. Champignons putzen und vierteln. Paprika waschen, entkernen und in kleine Würfel schneiden.
3. Eier und Milch in einer kleinen Schüssel verquirlen. ½ TL Salz, 1 Prise Pfeffer und Schnittlauch dazurühren.
4. Öl auf das **BACKBLECH** geben und erhitzen. Putenfilet, Speck und Champignons darauf verteilen und ca. 5 Minuten braten. Erbsen, Paprika und Tortelloni dazugeben und alles gut vermischen. ½ TL Salz und 2 Prisen Pfeffer darüberstreuen. Für 5 Minuten backen.
5. Die Ei-Mischung über den Auflauf gießen und mit Käse bestreuen. Für 12 Minuten backen. Anschließend den Grill dazuschalten und für weitere 3 Minuten übergrillen.

RINDERRAGOUT

Topf | 20 Minuten | 50 Minuten | 4 Portionen

Zutaten

500 g Rindfleisch für Gulasch
2 EL Öl (z. B. Kokosöl)
2 rote Zwiebeln
2 Möhren
600 g Kartoffeln
2 TL Tomatenmark
1 TL mildes Paprikapulver
600 ml Gemüsebrühe
2 TL italienische Kräuter
2 EL Gewürzpaste (siehe Basisrezept Seite 28)
4 EL saure Sahne
2 TL Mehl
2 EL Petersilie, gehackt

1. Rindfleisch waschen, trocken tupfen und in 2 cm große Würfel schneiden.
2. Öl in einem **TOPF** erhitzen und das Rindfleisch darin scharf anbraten.
3. Zwiebeln schälen und klein hacken. Möhren und Kartoffeln schälen und in 2 cm große Würfel schneiden.
4. Zwiebeln, Möhren, Kartoffeln, Tomatenmark und Paprikapulver zum Fleisch geben und leicht miträsten. Mit der Gemüsebrühe aufgießen. Mit den italienischen Kräutern und der Gewürzpaste würzen. Den Topf mit einem Deckel verschließen und alles bei mittlerer Hitze für 30 Minuten garen lassen.
5. Saure Sahne mit dem Mehl verrühren, in das Ragout gießen und verrühren.
6. Zum Anrichten mit der Petersilie bestreuen.

Kürbis-Hackfleisch-Eintopf

Topf | 10 Minuten | 30 Minuten | 4 Portionen

Zutaten

2 rote Zwiebeln | 2 Knoblauchzehen | 300 g Hokkaido-Kürbis | 300 g Süßkartoffeln | 2 EL Öl (z. B. Kokosöl) | 500 g Hackfleisch | 400 ml Gemüsebrühe | 400 ml Sahne | 2 EL Gewürzpaste (siehe Basisrezept Seite 28) | 1 Prise gemahlener Zimt | 1 Prise Muskatnuss | 4 TL Petersilie, gehackt

1. Zwiebeln und Knoblauch schälen und klein hacken. Kürbis und Süßkartoffeln schälen und in 2 cm große Würfel schneiden.
2. Öl in einem **TOPF** erhitzen. Zwiebel und Knoblauch darin anbraten. Das Hackfleisch dazugeben und goldbraun anrösten lassen.
3. Kürbis und Süßkartoffeln dazugeben. Mit der Gemüsebrühe und der Sahne aufgießen. Mit Gewürzpaste, Zimt und Muskatnuss würzen. Bei mittlerer Hitze für 20 Minuten köcheln lassen.
4. Zum Anrichten mit der Petersilie bestreuen.

RUCKZUCK-FISCHPFANNE

Pfanne | 15 Minuten | 25 Minuten | 4 Portionen

Zutaten

4 Möhren
2 Zwiebeln
4 Fischfilets nach Wahl
2 EL Öl (z. B. Kokosöl)
½ TL Salz
1 Prise Pfeffer
400 g Schmand
2 EL Frischkäse
2 EL Petersilie, gehackt

1. Möhren schälen und grob raspeln. Zwiebeln schälen und fein würfeln. Fischfilets abwaschen, trocken tupfen, bei Bedarf entgräten und in mundgerechte Würfel schneiden.
2. Öl in einer **PFANNE** erhitzen. Zwiebeln und Möhren goldbraun anrösten. Fischwürfel hinzufügen und mitrösten.
3. Mit Salz und Pfeffer würzen und mit dem Schmand ablöschen. Frischkäse einrühren und ca. 10 Minuten gar ziehen lassen.
4. Zum Servieren mit frischer Petersilie dekorieren.

FÄCHERKARTOFFELN MIT LACHS

Backblech | 20 Minuten | 60 Minuten | 4 Portionen

Zutaten

100 g Butter
400 g Kartoffeln
2 EL Rosmarin, gehackt
1 TL Salz (oder Kräutersalz)
2 Prisen Pfeffer
4 EL Paniermehl
1 Zitrone
500 g Lachsfilet (oder Stremellachs)
2 EL Öl (z. B. Olivenöl)

1. Backofen auf 200 °C Ober- und Unterhitze (oder 180 °C Umluft) vorheizen. Butter in einem ofenfesten Schälchen hineinstellen und schmelzen lassen.
2. Kartoffeln schälen und ca. 3 mm dünne Scheiben in die Kartoffeln schneiden (aber nicht durchschneiden). Dafür am besten an jede Längsseite einen Holzstab (z. B. Essstäbchen) legen, so schneidet man die Kartoffel nicht ganz durch (s. Foto).
3. Kartoffeln auf ein mit Backpapier ausgelegtes **BACKBLECH** legen und mit der Butter großzügig bepinseln. Mit Rosmarin, ½ TL Salz, Pfeffer und Paniermehl bestreuen und für 45 Minuten backen. Zwischendurch mit Butter nachpinseln.
4. Zitrone in Spalten schneiden. Den Lachs waschen, trocken tupfen, bei Bedarf entgräten, mit Öl einpinseln und mit ½ TL Salz würzen. Den Lachs ebenfalls aufs Backblech legen und alles für ca. 5 Minuten fertig backen.
5. Kartoffeln und Lachs auf 4 Tellern anrichten und mit jeweils 1 Zitronenspalte garnieren.

Knusprige Fischstäbchen

Pfanne | 25 Minuten | 30 Minuten | 4 Portionen

Zutaten

560 g Seelachsfilet
1 TL Zitronensaft
½ TL Salz (oder Kräutersalz)
4 Eier
60 ml Milch
200 g Cornflakes
90 g Mehl
ca. 200 ml Öl (z. B. Kokosöl)
4 EL Joghurt-Mayonnaise
½ TL Zitronenabrieb

1. Seelachs waschen, trocken tupfen, bei Bedarf entgräten und in ca. 1 × 5 cm große Stücke schneiden. Mit Zitronensaft und Salz würzen.
2. Die Eier mit der Milch verquirlen. Cornflakes mit den Händen grob zerdrücken. Die Fischstücke im Mehl wenden, durch das Ei ziehen und in den Cornflakes wälzen. Die Cornflakes mit den Händen leicht andrücken.
3. Öl in einer **PFANNE** erhitzen und die Fischstäbchen darin für ca. 4 Minuten herausbacken. Aus dem Öl fischen und auf einem Küchentuch abtropfen lassen.
4. Die Joghurt-Mayonnaise mit dem Zitronenabrieb verrühren und als Dip dazu servieren.

TORTILLA-EXPRESSPIZZA

Backblech | 10 Minuten | 15 Minuten | 1 Portionen

Zutaten

1 Knoblauchzehe
1 Tortilla-Fladen
50 g passierte Tomaten
½ TL Salz
1 Prise Pfeffer
2 EL Mais (Dose)
50 g Käse, gerieben
1 TL Oregano

1. Backofen auf 200 °C Ober- und Unterhitze vorheizen.
2. Knoblauchzehe schälen und fein hacken.
3. Den Tortilla-Fladen auf ein mit Backpapier belegtes **BACKBLECH** legen. Tomatensoße darauf verstreichen. Mit Salz und Pfeffer würzen. Mais und Käse darauf verteilen und mit Oregano bestreuen.
4. Im Ofen für ca. 6–8 Minuten backen, bis der Käse goldbraun ist.

KLASSISCHES RISOTTO

mit Parmesan

Topf | 10 Minuten | 35 Minuten | 4 Portionen

Zutaten

1 Schalotte
1 EL Butter
½ TL Safranfäden, fein gerieben
120 g Risottoreis
2 EL Zitronensaft
300 ml Gemüsebrühe
40 g Parmesan, gerieben
½ TL Salz
1 EL Petersilie, gehackt

1. Schalotte schälen und fein würfeln.
2. Butter in einem **TOPF** erhitzen, die Schalotte darin hell anschwitzen und Safran hinzugeben. Den Risottoreis dazugeben und für 2 Minuten andünsten.
3. Mit dem Zitronensaft ablöschen. Die Gemüsebrühe nach und nach aufgießen. Bei schwacher Hitze mit geschlossenem Deckel ca. 20 Minuten unter gelegentlichem Umrühren quellen lassen. Wenn der Reis gar ist, den Topf vom Herd nehmen.
4. Parmesan und Salz einrühren. Mit frischer Petersilie bestreuen und servieren.

COUSCOUS-GEMÜSE-PFANNE

Pfanne | 20 Minuten | 30 Minuten | 4 Portionen

Zutaten

2 Knoblauchzehen
1 rote Zwiebel
1 Zucchini
1 rote Paprikaschote
1 Möhre
100 g Tomaten
2 Frühlingszwiebeln
3 EL Öl (z. B. Kokosöl)
350 ml Gemüsebrühe
1 TL Salz
¼ TL Pfeffer
½ TL Minze, gehackt
200 g Couscous
70 g Butter
1 EL Petersilie, gehackt

1. Knoblauch und Zwiebel schälen und fein würfelig schneiden. Zucchini waschen und in ca. 2 cm große Würfel schneiden. Paprika waschen, entkernen und in ca. 2 cm große Stücke schneiden. Möhre waschen und in dünne Scheiben schneiden. Tomaten waschen, trocken tupfen, Strunk entfernen und vierteln. Frühlingszwiebeln waschen und in feine Ringe schneiden.
2. Öl in einer **PFANNE** erhitzen. Knoblauch und Zwiebel darin glasig anbraten. Danach Möhren für 2 Minuten darin anbraten. Anschließend Paprika und Zucchini dazugeben und für weitere 3 Minuten mit geschlossenem Deckel braten lassen.
3. Gemüsebrühe dazugießen. Salz, Pfeffer und Minze einrühren. Couscous dazugeben und bei geschlossenem Deckel für ca. 5 Minuten ziehen lassen, bis der Couscous gar ist.
4. Butter unterrühren. Tomaten, Frühlingszwiebeln und Petersilie zum Schluss dazugeben und verrühren.
5. Heiß oder kalt servieren.

SPÄTZLE-GRÖSTL

Pfanne | 20 Minuten | 35 Minuten | 4 Portionen

Zutaten

1 Zwiebel | 250 g Kirschtomaten | 200 g Champignons | 80 g Babyspinat | 2 EL Öl (z. B. Kokosöl) | 500 g Spätzle (aus dem Kühlregal) | 1 EL Tomatenmark | 100 ml Schlagsahne | 250 ml Gemüsebrühe | 3 EL Petersilie, gehackt | ½ TL Salz | 1 Prise Pfeffer | 60 g Bergkäse | 200 g saure Sahne | 2 Eier

1. Zwiebel schälen und fein würfeln. Tomaten waschen und halbieren. Champignons putzen und vierteln. Spinat waschen und abtupfen.
2. Öl in einer **PFANNE** erhitzen. Tomaten darin andünsten, herausnehmen und beiseite stellen. Zwiebel und Champignons in der Pfanne andünsten. Danach die Spätzle dazugeben und gut verrühren. Tomatenmark einrühren und anschwitzen. Mit Sahne und Gemüsebrühe ablöschen und für 5 Minuten kochen lassen.
3. Petersilie, Tomaten, Spinat, Salz und Pfeffer untermischen und gut verrühren.
4. Bergkäse reiben. Eine Hälfte vom Käse mit saurer Sahne und den Eiern in einem Schälchen mit einem Schneebesen verrühren. Die Pfanne vom Herd ziehen, die Käse-Eier-Mischung unterrühren. Unter gelegentlichem Wenden stocken lassen.
5. Das Gröstl mit dem restlichen Käse bestreut servieren.

PASTA MIT SAUERKRAUT

und Weintrauben

Topf | 10 Minuten | 20 Minuten | 4 Portionen

Zutaten

4 Zwiebeln
200 g kernlose Weintrauben
3 EL Öl (z. B. Kokosöl)
1 l Gemüsebrühe
400 g Nudeln (z. B. Spirelli)
1 Packung Sauerkraut
½ TL Salz
1 Prise Pfeffer
4 EL saure Sahne
2 EL Schnittlauchringe

1. Zwiebeln schälen, halbieren und in Streifen schneiden. Trauben waschen und halbieren.
2. Öl in einem **TOPF** erhitzen und die Zwiebeln darin glasig dünsten. Mit Gemüsebrühe auffüllen und mit geschlossenem Deckel aufkochen lassen.
3. Nudeln und Sauerkraut dazugeben. Unter Rühren köcheln lassen, bis die Nudeln bissfest sind (ca. 5 Minuten oder lt. Packungsanweisung der Nudeln). Trauben, Salz und Pfeffer untermischen.
4. Mit saurer Sahne und Schnittlauchringen garnieren und servieren.

Blumenkohlsteaks

mit Süßkartoffelpommes

Backblech | 15 Minuten | 40 Minuten | 4 Portionen

Zutaten

600 g Blumenkohl
6 EL Öl (z. B. Rapsöl)
2 EL Apfelessig
1 TL mildes Paprikapulver
1 TL Salz (oder Kräutersalz)
2 Prisen Pfeffer
600 g Süßkartoffeln
4 EL Sojasoße
2 TL Majoran

1. Backofen auf 170 °C Ober- und Unterhitze (oder 150 °C Umluft) vorheizen.
2. Aus der Blumenkohlmitte 4 Scheiben à 2 cm Dicke schneiden. 2 EL Öl mit Apfelessig, Paprikapulver, Salz und Pfeffer in einer Schale verrühren und die Blumenkohlsteaks auf beiden Seiten damit einpinseln.
3. Süßkartoffeln schälen und in 1 cm lange Stifte schneiden. Die restlichen 4 EL Öl mit der Sojasoße und dem Majoran in einer Schüssel verrühren. Die Süßkartoffeln darin marinieren.
4. Die Blumenkohlsteaks und die Süßkartoffelpommes auf einem mit Backpapier ausgelegten **BACKBLECH** verteilen. Für 25 Minuten im Ofen garen. Nach der Hälfte der Zeit die Steaks wenden und die Pommes durchmischen.

GNOCCHIAUFLAUF

mit Tomaten und veganem Käse

Auflaufform | 10 Minuten | 30 Minuten | 4 Portionen

Zutaten

400 g Tomaten
4 EL vegane Schmand-Alternative
2 TL Agavensirup
½ TL Salz
1 Prise Pfeffer
8 getrocknete Tomaten
10 Stängel Basilikum
4 EL Hefeflocken
1 TL Öl (z. B. Rapsöl)
400 vegane Gnocchi (aus dem Kühlregal)
150 g vegane Reibekäse-Alternative

1. Backofen auf 200 °C Ober- und Unterhitze vorheizen.
2. Tomaten waschen, Strunk entfernen und vierteln. Mit Schmand-Alternative, Agavensirup, Salz und Pfeffer in einer Schüssel vermischen und fein pürieren.
3. Die getrockneten Tomaten in kleine Würfel schneiden. Basilikumblätter abzupfen, waschen, trocken tupfen und klein hacken. Beides mit den Hefeflocken in die Tomatensoße einrühren.
4. **AUFLAUFFORM** mit Öl einfetten und die Gnocchi darin verteilen. Mit der Tomatensoße übergießen und kurz verrühren. Reibekäse darüber verteilen und für 20 Minuten im Ofen goldbraun backen.
5. Mit frischem Basilikum betreuen und servieren.

Risi Bisi

aus der italienischen Küche

Topf | 10 Minuten | 35 Minuten | 4 Portionen

Zutaten

1 Zwiebel
2 EL Öl (z. B. Olivenöl)
1 TL Safranfäden, fein gerieben
240 g Risottoreis
4 EL Zitronensaft
600 ml Gemüsebrühe
150 g TK-Erbsen
80 g veganer Parmesan, gerieben
½ TL Salz (oder Kräutersalz)
1 EL Petersilie, gehackt

1. Zwiebel schälen und fein hacken.
2. Öl in einem **TOPF** erhitzen. Zwiebel darin hell anschwitzen und Safran hinzugeben.
3. Risottoreis dazugeben und für 2 Minuten andünsten.
4. Mit dem Zitronensaft ablöschen. Mit der Gemüsebrühe nach und nach aufgießen.
5. Bei schwacher Hitze mit geschlossenem Deckel für 15 Minuten unter gelegentlichem Umrühren quellen lassen. Danach die Erbsen unter den Reis mischen und für etwa 5 Minuten fertig garen. Wenn der Risottoreis gar ist, den Topf vom Herd nehmen.
6. Parmesan und Salz einrühren. Mit Petersilie bestreut und heiß servieren.

BUNTE SCHUPFNUDEL-PFANNE

Pfanne | 20 Minuten | 35 Minuten | 4 Portionen

Zutaten

1 Zwiebel
1 gelbe Paprikaschote
1 Möhre
1 Zucchini
250 g Champignons
200 g Kirschtomaten
2 EL Öl (z. B. Kokosöl)
75 g Erbsen
800 g vegane Schupfnudeln (aus dem Kühlregal)
½ TL Salz
1 Prise Pfeffer
2 EL Sojasoße
125 ml vegane saure Sahne
2 EL Petersilie, gehackt

1. Zwiebel schälen und fein hacken. Paprika waschen, entkernen und in kleine Würfel schneiden. Möhren schälen und in dünne Scheiben schneiden. Zucchini waschen, in dünne Scheiben schneiden und diese nochmals halbieren. Champignons putzen und ebenfalls in Scheiben schneiden. Kirschtomaten waschen und halbieren.
2. Öl in einer **PFANNE** erhitzen. Zwiebel darin glasig dünsten. Paprika, Möhre, Zucchini, Champignons, Tomaten und Erbsen dazugeben und für ca. 8 Minuten anbraten.
3. Schupfnudeln, Salz und Pfeffer hinzufügen, vermischen und für ca. 10 Minuten braten, bis die Schupfnudeln goldbraun sind.
4. Sojasoße, vegane saure Sahne und Petersilie unterrühren und für weitere 5 Minuten auf dem Herd ziehen lassen.

Buntes Ofengemüse

mit veganem Dip

Backblech | 10 Minuten | 40 Minuten | 4 Portionen

Zutaten

4 Möhren (darunter 2 gelbe)
2 Pastinaken
200 g Tomaten
400 g Kartoffeln
1 Zwiebel
3 Zweige Rosmarin
6 EL Öl (z. B. Olivenöl)
½ TL Salz (oder Kräutersalz)
200 ml vegane saure Sahne

1. Backofen auf 200 °C Ober- und Unterhitze (oder 180 °C Umluft) vorheizen.
2. Möhren schälen und der Länge nach in 4–6 Spalten schneiden. Pastinake schälen und in Spalten schneiden. Tomaten waschen, Strunk entfernen und vierteln. Kartoffeln und Zwiebel schälen und in Spalten schneiden.
3. Das Gemüse auf einem mit Backpapier ausgelegtem **BACKBLECH** verteilen.
4. Rosmarin abzupfen, grob hacken und auf dem Gemüse verteilen. Mit dem Öl beträufeln. Auf mittlerer Schiene für ca. 30 Minuten garen.
5. Aus dem Ofen nehmen und mit ca. ½ TL Salz bestreuen.
6. Mit der veganen sauren Sahne als Dip dazu servieren.

Kartoffelrösti mit Konfitüre

Pfanne | 20 Minuten | 20 Minuten | 4 Portionen

Zutaten

400 g Kartoffeln
4 EL Maismehl
½ TL Salz
1 Prise Pfeffer
1 Prise Muskatnuss
ca. 6 EL Öl (z. B. Kokosöl)
4 EL Konfitüre (z. B. Apfelkonfitüre)

1. Kartoffeln schälen, raspeln, in ein Küchentuch geben und gut ausdrücken.
2. Kartoffeln, Maismehl, Salz, Pfeffer und Muskatnuss in einer Schüssel vermischen.
3. Öl in einer **PFANNE** erhitzen. 4 kleine Kartoffelhaufen mit genügend Abstand in die Pfanne geben und bei geringer Hitze ca. 4–6 Minuten je Seite knusprig goldbraun backen.
4. Mit Konfitüre als Dip servieren.

SCHNELLE MILCHNUDELN

Topf	5 Minuten	20 Minuten	4 Portionen

Zutaten

500 ml Milch
100 ml Sahne
4 EL Zucker
1 Vanilleschote
150 g Nudeln
1 TL Puderzucker
½ TL Zimt
2 EL Walnüsse

1. Milch, Sahne, Zucker und Vanilleschote in einen **TOPF** geben und aufkochen lassen.
2. Vanilleschote entfernen, Nudeln in den Topf geben und ca. 7 Minuten (oder lt. Packungsanweisung) bissfest kochen.
3. Mit Puderzucker und Zimt bestreuen. Mit Walnüssen garnieren und servieren.

HERZHAFTER GRIESSKOCH

Topf | 10 Minuten | 15 Minuten | 4 Portionen

Zutaten

1 l Milch
2 EL Butter
2 Prisen Salz
4 EL Zucker
180 g Grieß
1 EL Kakaopulver
4 Erdbeeren

1. Milch und Butter in einem **TOPF** langsam aufkochen lassen.
2. Währenddessen die Herzschablone vorbereiten: Diese kann man entweder fertig kaufen oder selbst ein Herz aus einem Stück Pappe ausschneiden.
3. Wenn die Milch kocht, Salz und Zucker dazumischen und den Grieß langsam einrühren. Für 3–4 Minuten unter ständigem Rühren leicht köcheln lassen, bis der Brei die gewünschte Konsistenz hat.
4. Den Grieß auf 4 Teller aufteilen. Kakaopulver mithilfe der Herzschablone aufstreuen. Jeweils mit einer Erdbeere garnieren und servieren.

HAUSMITTEL

Auch Superhelden haben mal mit kleinen Wehwehchen zu kämpfen. Aber keine Sorge, unser One-Pot-Star der Küche – der Topf – hat wieder eine Lösung parat!

Hier finden Sie drei einfache und effektive Hausmittel-Rezepte, die bei Erkältung, Bauchweh, Durchfall und Verstopfung helfen können. Diese wertvollen Rezepte wurden von Oma überliefert und seit Generationen weitergegeben.

So können Sie sich und Ihre Familie auf natürliche Art und Weise gesund halten und Superhelden-Kräfte auch im Kampf gegen die kleinen Zipperlein stärken!

WISSENSWERTES:

Die Hühnersuppe wirkt wohltuend und stärkend bei Schnupfen, Fieber und sonstigen Erkältungssymptomen. Sie wärmt innerlich, entspannt, und der Körper kann die wertvollen Inhaltsstoffe nutzen, um den Kampf gegen die Viren aufzunehmen.

Die selbst gekochte Hühnersuppe kann mehrmals täglich gegessen werden – auf jeden Fall tut sie gut!

Sie können optional Nudeln als Beilage dazugeben, um die Suppe abwechslungsreicher zu machen.

HÜHNERSUPPE

Das beste Rezept bei Erkältung

Topf | 20 Minuten | 80 Minuten | 4 Portionen

Zutaten

1 Huhn
3–4 Rindsknochen
ca. 2 l Wasser (je nach Huhn- und Topfgröße)
2 Zwiebeln
4 Möhren
300 g Porree
1 Stück Petersilienwurzel
300 g Staudensellerie
5 Gewürznelken
5 Wacholderbeeren
2 Lorbeerblätter
1 TL schwarze Pfefferkörner
1 TL Salz
1 EL Petersilie, gehackt

1. Das Huhn und die Rindsknochen mit kaltem Wasser gut abwaschen und in einen großen **TOPF** geben. Mit Wasser bedecken und mit geschlossenem Deckel langsam zum Kochen bringen.
2. Zwiebeln schälen und halbieren. Möhren, Porree und Petersilienwurzel schälen und in Stücke schneiden. Staudensellerie waschen und in Stücke schneiden.
3. Bevor die Suppe kocht, bildet sich seitlich Schaum (Fett- und Trübstoffe). Diesen ständig abschöpfen, bis sich kein Schaum mehr bildet und die Suppe kocht. Den Deckel nach dem Abschöpfen immer wieder verschließen.
4. Sobald die Suppe kocht und sich kein Schaum mehr bildet, die Hitze reduzieren. Die Gewürze und das vorbereitete Gemüse dazugeben und für 1 Stunde bei niedriger Stufe leicht köcheln lassen.
5. Das fertig gekochte Huhn aus der Suppe nehmen, enthäuten und das Fleisch in mundgerechte Stücke schneiden. Rindsknochen und Lorbeerblätter entfernen. Gemüse aus der Suppe nehmen und ebenfalls in kleine Stückchen schneiden.
6. Die kraftvolle Hühnersuppe mit geschnittenem Gemüse, Hühnerfleisch und frischer Petersilie bestreuen und servieren.

MÖHRENSUPPE

Omas Rezept bei Durchfall und Bauchschmerzen

Topf | 10 Minuten | 70 Minuten | 4 Portionen

Zutaten

500 g Möhren

ca. 1,5 l Wasser

1 TL Salz

1 EL Schnittlauchringe

1. Möhren schälen und in Stücke schneiden.
2. 1 l Wasser in einem **TOPF** zum Kochen bringen und die Möhren darin bei mittlerer Hitze und geschlossenem Deckel 1 Stunde lang köcheln lassen.
3. Salz einrühren. Mit einem Stabmixer fein pürieren und mit so viel Wasser aufgießen, dass es wieder 1 l ergibt.
4. Zum Anrichten frischen Schnittlauch darüberstreuen.

WISSENSWERTES:

Möhrensuppe ist ein altbewährtes Hausmittel bei Durchfall. Die Inhaltsstoffe helfen nicht nur, die Krankheitserreger loszuwerden, sondern auch die Darmflora schneller wiederherzustellen.

Die Suppe kann mehrmals täglich gegessen werden.

Normalerweise würde eine Kochzeit von 15 Minuten genügen. Bei diesem Rezept soll die Suppe jedoch 1 Stunde lang köcheln, damit die gewünschten Wirkstoffe entstehen.

Es gibt viele verschiedene Rezepte für Möhrensuppen. Die Suppe, die bei Durchfall unterstützt, wird nur mit Möhren, Salz und Wasser gekocht.

Zitronenwasser bei Verstopfung

Topf | 5 Minuten | 5 Minuten | 4 Portionen

Zutaten

1 Zitrone
800 ml Wasser
4 EL Honig (optional)

1. Zitrone auspressen.
2. Wasser in einem **TOPF** aufkochen und anschließend auf eine angenehme Trinktemperatur auskühlen lassen. Zitronensaft dazugießen. Optional Honig einrühren.
3. Das Zitronenwasser am besten auf nüchternen Magen trinken.

WISSENSWERTES:

Ein Glas warmer Zitronensaft wirkt abführend und ist eine der einfachsten und natürlichsten Hausmittel gegen Verstopfung, vor allem bei Kindern.

Auch Honig wirkt leicht abführend und ist vor allem gesund.

Für Kinder unter einem Jahr verwenden Sie unbedingt Ahornsirup anstatt des Honigs, da Babys noch keinen Honig essen sollen.

Hinweis: Natürliche Hausmittel sind auf jeden Fall eine wertvolle Unterstützung, die teilweise über Jahrhunderte von Generation zu Generation weitergegeben wurden. Jedoch ersetzen sie keine Diagnose oder Behandlung bei einer qualifizierten Person Ihres Vertrauens, vor allem, wenn Sie Bedenken bezüglich der Gesundheit Ihres Kindes haben.

ÜBER DIE AUTORIN

Susanne Dorner ist 1977 in Österreich geboren, Autorin, Unternehmerin, stolze Mama zweier Söhne und glücklich verheiratet. Sie hat das Kochen nicht nur im elterlichen Haushalt, sondern auch in einer renommierten Tourismusschule in Österreich erlernt.

Kochen ist für sie nicht nur das Verarbeiten von Zutaten, sondern auch die Basis für Gesundheit und Vitalität. Als Kinder-Mentaltrainerin hat sie bereits viel Erfahrung in diesem Bereich. Ihre Mission: Eltern zu zeigen, wie einfach es sein kann, eingeschlichene Gewohnheiten über Bord zu werfen und den Tisch täglich mit Freude zu decken – kreativ und abwechslungsreich.

Susanne interessiert sich für alles rund ums Thema Gesundheit und Ernährung, vor allem in Zusammenhang mit Kindern. Sie liebt das Reisen in nahe und ferne Länder, Tiere (auch Gummibärchen), in der Natur die Seele baumeln zu lassen, zu lachen und das Leben zu genießen.

Ihr Motto lautet: Die geheime Zutat ist immer Liebe!

BILDNACHWEIS

Shutterstock.com: S. 14: Yuganov Konstantin; S. 16: Oksana Shufrych; S. 18: Alessandro Tortora; S. 19: niteenrk; S. 20: Jiri Hera; S. 22: MaraZe; S. 26:Pixel-Shot; S. 28: Audi Santoso; S. 30: Anna Lohachova; S. 34: Michelangelus; S. 36: Julia Sudnitskaya; S. 37: Olga Nayashkova; S. 38: Alexander Prokopenko; S. 39: razum; S. 40: Vladimir Volodin; S. 41:Rimma Bondarenko; S. 43: Ivanna Pavliuk; S. 44: Alp Aksoy; S. 45: Kolomiyets Viktoriya; S. 46: Sevenstock Studio; S. 47 + S. 133: from my point of view; S. 48: Daria Medvedeva; S. 49: Afanasieva; S. 50: irina2511; S. 51: Denis Val; S. 54: Mironov Vladimir; S. 56: Yulia Davidovich; S. 57: Jiri Hera; S. 58: etorres; S. 59: Dan Su Sa; S. 60: AS Foodstudio; S. 61: bejdova; S. 62: foodstck; S. 63: Lulub; S. 64: Bernd Juergens; S. 65: Nitr; S. 68: Dar1930; S. 70: Dar1930; S. 72: Catherine Murray; S. 74: Vladislav Chusov; S. 75: Fischer Food Design; S. 80: teleginatania; S. 84: marco mayer; S. 85: Liliya Kandrashevich; S. 92: Mironov Vladimir; S. 93 + S. 134: zi3000; S. 94: Olga Miltsova; S. 93: Stephanie Frey; S. 96: zarzamora; S. 98: Karen Hermann; S. 102: 9orange; S. 103: Timothy Neumann; S. 104: Elena Shashkina; S. 106: SEAGULL_L; S. 107: Svetlana Monyakova; S. 108: Life4Earth; S. 109: Lada Tos; S. 110: Lizzy Komen; S. 112: Angelika Heine; S. 113: ashleymitchell; S. 114: shutterstock.com; S. 115: beats1; S. 116: Irina Burakova; S. 117: Jack Jelly; S. 119: BarthFotografie; S. 120: Liliya Kandrashevich; S. 121: Fascinadora; S. 122: Elena Hramova; S. 123: Tatiana Vorona; S. 124: Brent Hofacker; S. 129: Slow Walker; S. 131: stockcreations; S. 135: Happy Foods Tube; S. 136: GoBOb; S. 137: kdshutterman; S. 138: Wiktory; S. 139: denio109; S. 142: Olga Miltsova; S. 143: Mauricio Sanches do Prado; S. 144: photosimysia; S. 145: kitty; S. 146: Camil Zahner; S. 147: Veronika Idiyat; S. 148: MariaKovaleva; S. 149: Petr Leczo; S. 152: Kamil Macniak; S. 154: Dani Vincek; S. 156: Ekaterina_Molchanova
Prof. Hademar Bankhofer: S. 8
Stefanie Just: S. 66, 69, 76, 78, 86, 88, 90, 100, 118, 128, 141

Auch als **E-Book** erhältlich

240 Seiten
22,00 € (D) | 23,50 € (A)
ISBN 978-3-7423-2246-3

Susanne Dorner

Einfach gesund kochen für Kinder

Lecker, schnell und günstig

Mit diesem Kochbuch meistert man den Familienalltag ganz spielerisch. Die abwechslungsreiche und auch für Anfänger geeignete Küche trägt zu einer ausgewogenen Ernährung von Kindern jeder Altersstufe bei. Ob Gemüse-, Nudelgerichte, Rohkost, Snacks oder zuckerarme Desserts – hier finden Eltern einfach alles für ihre Kids, von Frühstück über Mittagessen bis Abendessen: Avocado-Sandwiches, Grießbrei, cremiges Porridge, feine Tomatensuppe, Gemüsewaffeln, Kichererbsen-Eintopf, zarte Rinderroulade, herzhafte Lasagne, gebackene Ananas und vieles mehr! Ernährungstipps, Küchentricks und Zutateninfos ergänzen dieses unkomplizierte Familienkochbuch perfekt.

Bibliografische Information der Deutschen Nationalbibliothek
Die Deutsche Nationalbibliothek verzeichnet diese Publikation in der Deutschen Nationalbibliografie. Detaillierte bibliografische Daten sind im Internet über https://dnb.de abrufbar.

Für Fragen und Anregungen
info@m-vg.de

Wichtiger Hinweis
Ausschließlich zum Zweck der besseren Lesbarkeit wurde auf eine genderspezifische Schreibweise sowie eine Mehrfachbezeichnung verzichtet. Alle personenbezogenen Bezeichnungen sind somit geschlechtsneutral zu verstehen.

Originalausgabe
1. Auflage 2023

Türkenstraße 89
80799 München
Tel.: 089 651285-0
Fax: 089 652096

Redaktion: Ulrike Reinen
Umschlaggestaltung: Sonja Vallant
Umschlagabbildung: Stephanie Just
Satz: Lara Nelles (schere.style.papier), München
Druck: Firmengruppe APPL, aprinta Druck, Wemding
Printed in Germany

ISBN Print 978-3-7423-2485-6
ISBN E-Book (PDF) 978-3-7453-2264-4
ISBN E-Book (EPUB, Mobi) 978-3-7453-2265-1